ZUSAMMENBRUCH
UND WIEDERGEBURT

Ulm und Neu Ulm 1945 - 1950

© Aegis Verlag Ulm 1995
ISBN 3-87005-046-2
Druck: Druckerei Fink Merklingen
Einband: Franz Spiegel Buch GmbH Ulm-Jungingen
Gestaltung: Ulrike Hoche

Zusammenbruch und Wiedergeburt

Ulm und Neu Ulm 1945 - 1950

Eine Dokumentation in Wort und Bild

Mit einem Text von Robert Scholl
Bilddokumentationen von Hellmut Pflüger

Fotos: Albert Bartenschlag
und andere

Herausgeber: Ernst Joachim Bauer

Aegis Verlag Ulm

US-Kriegsgefangenenlager östlich der Ludendorff-Kaserne (später Wiley-Barracks)

Zu diesem Buch

1945. Dieses Jahr steht für Vieles: Stunde Null. Zerstörung. Befreiung. Tiefste Erniedrigung. Hunger. Erhaltungswillen. Und auch 50 Jahre später ist dieses Kapitel noch nicht aufgearbeitet.

Das vorliegende Buch ist vor allem eine Dokumentation dessen, was die Zerstörungswut des Krieges hinterlassen hat. Gleichzeitig wird darin aber auch aufgezeigt, wie die Menschen damals mit einer Kraft daran gingen, die Zerstörungen zu überwinden. Die Wut des Krieges hat Ulm nicht so erfasst wie Hiroshima, Dresden oder Pforzheim. Und doch sind die Foto- und Textdokumente beispielhaft.

Die Idee zu diesem Buch entstand dadurch, daß dem Herausgeber der reichhaltige Fundus an Fotografien aus dem Nachlaß des Ulmer Fotografen Albert Bartenschlag gezeigt wurde. Der damals 38jährige hatte ganz gezielt die zerstörten Bauwerke festgehalten, die von kunsthistorischem Wert waren. Er hielt nicht den Augenblick der Zerstörung fest, sondern was geblieben ist und auch, wie sich neues Leben darin oder auch daraus entwickelte. Seine Aufnahmen entstanden vorwiegend von Anfang 1946 bis 1951.

Wichtig erschien es mir nun aber auch, die Bilder mit Leben zu erfüllen. Denn die Zerstörung der Städte hat diese ja nicht nur in ihren Hochbauten verändert, sondern ganze Straßenzüge sind verschwunden oder anders verlegt worden. Auf vielen Abbildungen ist ohne Beschreibung kaum zu erkennen, wo die Häuser oder Stadtteile einzuorten sind.

Daher bat ich den Ulmer Stadthistoriker Hellmut Pflüger um Beschreibungen. Herausgekommen ist eine unglaubliche Fleißarbeit. Akribisch hat Hellmut Pflüger eine Vielzahl von Details beschrieben, die teilweise erst durch den Ruinenzustand der Häuser entdeckt werden konnten. In diesem Zusammenhang weist er auch auf Sünden der frühen 50er Jahre hin, wo häufig erhaltenswürdige Bauten doch der Aufbauwut zum Opfer fielen.

Ein weiteres Dokument ist auch der Text von Robert Scholl. Scholl wurde am 8. Juni 1945 von den Amerikanern als Oberbürgermeister eingesetzt. Der Text erschien 1948, als er sich zur Wahl stellte, bei der er dann allerdings gegen Oberbürgermeister Dr. Theodor Pfizer unterlag. Aus dieser Schrift läßt sich viel zeittypisches entnehmen, sicher auch "Wahlkampf"-Aussagen, die deshalb kursiv abgedruckt sind, um sie von den Sachinformation besser zu unterscheiden. Gerade deshalb vermittelt der Inhalt eine Atmosphäre dieser Zeit, wie wir sie heute kaum noch nachvollziehen können.

Damit aber nicht genug. Da Ulm und Neu Ulm eine regionale Einheit bilden und die Flugzeuge der Alliierten mit ihrer Bombenfracht nicht an der Donaugrenze halt machten, war ich der Meinung, daß auch für Neu Ulm diese Zeitspanne dokumentiert werden muß.

Leider hat Albert Bartenschlag dort (fast) keine Aufnahmen gemacht. Dafür aber erhielt ich aus dem Nachlaß des Hobbyfotografen Karl Sigel (er lebte bis 1995 und fotografierte damals trotz strengstem Verbot der U.S.-Militärregierung) und auch von unbekannten Fotografen interessantes Bildmaterial, das wiederum von Hellmut Pflüger ausführlich beschrieben wurde. So konnte für Ulm und Neu Ulm die einheitliche Dokumentation einer Zeit entstehen, die für die Nachgeborenen wichtig ist, für die, die es erlebten, eine Erinnerung.

Für das Zustandekommen des Buches möchte ich mich vor allem bei Frau Emma Bartenschlag, Frau Treu vom Stadtarchiv und Frau Fuder vom Heimatmuseum Neu Ulm sowie Herrn August Welte für die Unterstützung und Zusammenarbeit bedanken.

Dem Leser und Betrachter wünsche ich einen nachdenklichen, aber auch gleichzeitig spannenden Gang durch die jüngere Vergangenheit der beiden Donaustädte.

Ernst Joachim Bauer

1 Ein Eisstand um 1947 an der Südwestecke des Münsterplatzes. Von rechts die Ruine Merath an der Ecke Hirschstraße, der Lautenberg und der Neue Bau.

Robert Scholl
Bericht über den Wiederaufbau in Ulm

Das Ende einer alten Stadt

Ulm zählte bis zu seiner Zerstörung zu den Perlen Süddeutschlands. Mancher unterbrach hier seine Reise, um sich den romantischen Reiz dieser mittelalterlichen Stadt nicht entgehen zu lassen. Wie die Kücken um die Henne scharten sich die spitzen Giebeldächer um das gewaltige Münster. Dieses Stadtbild zeugte noch in unseren Tagen von dem Reichtum und Ruhm dieser ehemals Freien Reichsstadt. "Ulmer Geld regiert die Welt", hieß es einst, als Ulm neben Augsburg und Nürnberg zu den führenden Städten zählte.

Aber auch die industrielle Entwicklung der letzten hundert Jahre machte Ulm wieder zu einer bedeutenden Gewerbe- und Handelsstadt. Was in Jahrhunderten gewachsen und unter dem Fleiß vieler Generationen geschaffen war, versank dann unter dem Hagel der Fliegerbomben zum größten Teil binnen weniger Minuten in Schutt und Asche (Bild 2).
Die eindringlichste Sprache für diese Tragödie sind die nüchternen Berichte des örtlichen Luftschutzleiters über die Fliegerangriffe auf Ulm, die hier im Auszug wiedergegeben werden.

Bericht des Luftschutzleiters

4. Juni 1940:
Nachtstörangriff auf Ulm - Söflingen-Klingenstein.

13. Oktober 1941:
Nachtstörangriff auf Neu-Ulm-Offenhausen.
Tote/Verletzte: 2/0

22. Februar 1942:
Nachtstörangriff auf Ulm. Tote/Verletzte: 0/1

16. März 1944:
Tagesangriff von 20-25 Flugzeugen auf Ulm und Neu Ulm (Städt. Krankenhaus).

16. Juli 1944:
Tagesstörangriff von 3 Flugzeugen auf Ulm.

19. Juli 1944:
Tagesstörangriff auf Ulm.

9. August 1944:
Tagesangriff von 11.07 bis 11.30 Uhr durch etwa 35 Flugzeuge mit ca. 200 Sprengbomben und 10 000 Brandbomben.

Hauptangriffsziel: Söflingen, Güterbahnhof, Industrieanlagen in der Weststadt.

An Gebäuden wurden zerstört: Total 31, schwer bis leicht 225. Obdachlose: 544.

Neben anderen wurden getroffen: Klöckner-Humboldt-Deutz-AG. Werk II, Holzhandlung Molfenter, Schraubenfabrik Rauch Werk I, Güterbahnhof, Kunstdüngergroßhandlung Beiselen, Volksschule in Söflingen.
Tote/Verletzte: 57/42

10. September 1944:
Tagesangriff von 11.15 bis 11.40 Uhr durch etwa 180 Flugzeuge mit 900 Sprengbomben und 8700 Brandbomben.

Hauptangriffsziel: Wehrmachtsanlagen in Neu-Ulm und die Reichsbahnanlagen in Ulm.

An Gebäuden wurden zerstört: 150 total, 393 schwer bis leicht.

Zahl der Obdachlosen und Umquartierten: ca. 3000. Unter anderem wurden getroffen: Wehrmachtsanlagen in Neu-Ulm, Löwenbräu Neu-Ulm, Rathaus, Ortskrankenkasse, Oberschule in Neu-Ulm.
Tote/Verletzte: 36/61

13. September 1944:
Tagesangriff von 11.05 bis 11.10 Uhr durch ca. 100 Flugzeuge mit ca. 500 Sprengbomben und 2000 Brandbomben.

Hauptangriffsziel: Industrieanlagen in der Weststadt und Reichsbahnanlagen.

An Gebäuden wurden zerstört: 15 total, 134 schwer bis leicht.
Zahl der Obdachlosen: ca. 200.
Unter anderen wurden getroffen: Klöckner-Humboldt-Deutz-AG. Werk II und III, Neubronner und Sellin, Ulmer Brauereiges., Rangierbahnhof Söflingen.
Tote/Verletzte: 32/13

3. Oktober 1944:
Tagesangriff von 11.58 bis 12.00 Uhr durch ca. 30 Flugzeuge mit ca. 60 Sprengbomben und 1100 Brandbomben.

Die Bomben fielen zum größten Teil in freies Gelände im Lehrertal.
Tote/Verletzte: 7/17

17. Dezember 1944:
1. Großangriff von 19.23 bis 19.50 Uhr durch schätzungsweise 400 Flugzeuge mit 1545 schweren und schwersten Sprengbomben, 11 Minenbomben, ca. 95 000 Stab- und Flüssigkeitsbrandbomben mit und ohne Sprengsatz, 120 Langzeitzünder.

Angriffsschwerpunkt war das innere Stadtgebiet, die Bahnanlagen und ein Teil der Ost- und Weststadt. Durch den massenweisen Abwurf von Brandbomben entstand im Altstadtgebiet in etwa 1 qkm Ausdehnung ein heftiger Feuersturm, wodurch der größte Teil der Altstadt vernichtet wurde. Glücklicherweise konnte der größte Teil der Bevölkerung noch vor Entwicklung des Feuersturms aus dem brennenden Altstadtgebiet entkommen, so daß die Menschenverluste in Anbetracht der Heftigkeit des Angriffs noch verhältnismäßig niedrig geblieben sind.

An Wohngebäuden wurden zerstört: 1803 total, 3430 schwer bis leicht.

Darunter: Reichsbank, Deutsche Bank, Dresdner Bank, Kaufhaus Müller & Co., Kaufhaus Best & Co., Lebensmittellager Karl Gaißmaier, Lebensmittellager Ekola, Württembergische Warenzentrale, Schlachthof Neu-Ulm.

An öffentlichen Gebäuden wurden zerstört: 28 total, 24 schwer bis leicht.

Darunter: Rathaus Ulm, Schwörhaus, Landratsamt, Justizgebäude, Ortskrankenkasse, sämtliche Filmtheater, Museum der Stadt Ulm, Wengenkirche, Dreifaltigkeitskirche, Susokirche, Elisabethenkirche, Weinhofschule, Sammlungsschule, Gymnasium, Kepleroberschule, Keplermittelschule, Sedelhofschule, Blauringschule, Städtische Handelsschule. Hauptbahnhofgebäude, Hauptpostamt, Neuer Bau, Oberschul-Hauptgebäude und Turnhalle Neu Ulm. Beschädigung der Neuen Donaubrücke (Gänstorbrücke).

An industriellen Gebäuden wurden zerstört: 18 total, 29 schwer bis leicht.

Darunter: Kartonagenfabrik Dr. Karl Höhn, Maschinenfabrik E. Mayer, Teigwarenfabrik Laible, Karosseriefabrik Groß, Pflugfabrik Gebr. Eberhardt, Fensterfabrik Kaupp, Karosseriefabrik Karl Käßbohrer, Karosseriefabrik F. X. Kögel, Käseschmelzwerke Koppenhöfer und Gebr. B Bilger. Außerdem schwere Schäden in den Reichsbahnanlagen, im Rohrnetz der Gasversorgung, im elektrischen Stromnetz und in der Kanalisation.
Tote/Verletzte: 707/613

22. Februar 1945:
Tagesangriff von 12.35 bis 12.40 Uhr und um 13.00 Uhr durch 30 Flugzeuge mit 152 Sprengbomben.

Hauptangriffsziel: Weststadt und Söflingen.

An Gebäuden wurden zerstört: 42 total, 465 schwer bis leicht.

Zahl der Obdachlosen: ca. 400 Personen. 90 Prozent der Toten sind in dem öffentlichen Luftschutzkeller "Sonnenkeller" umgekommen.
Tote/Verletzte: 173/91

25. Februar 1945:
Tagesangriff von 10.53 bis 11.12 Uhr durch ca. 60 Flugzeuge mit ca. 150 Sprengbomben und 17 000 Brandbomben, sowie Bordwaffen-beschuß.

Hauptangriffsziel: Altstadt, Weststadt, Neu-Ulm.

An Gebäuden wurden zerstört: 74 total, 365 schwer bis leicht.

Obdachlose und Umquartierte: ca. 2500 Personen.

Unter anderem wurden getroffen: Kreissparkasse Ulm, Handwerkskammer, Ortskrankenkasse, Neuer Bau, Klöckner-Humboldt-Deutz-AG. Werk I, Apparatefabrik Eugen Laible, Radiofabrik Mästling, Bekleidungsindustrie E. Herbst, Nudelfabrik David Laible, Milchversorgung GmbH.
Tote/Verletzte: 27/23

1. März 1945:
2. Großangriff von 13.15 bis 14 Uhr durch ca. 750 Flugzeuge mit 1950 Sprengbomben, 10 Minenbomben, 100 000 Brandbomben.

Hauptangriffsziel: Oststadt, Altstadt, Teil der Weststadt, Neu-Ulm.

An Gebäuden wurden zerstört: 731 total, 1222 schwer bis leicht.

Zahl der Obdachlosen und Umquartierten: ca. 17 500 Personen.
Unter anderem wurden getroffen: Lebensmittelgroßhandlung Gaißmaier, Kaufhaus Schlehhauf, Verwaltungsgebäude des Städt. Schlachthauses, Lebensmittelgroßhandlung Angelmaier, Stadttheater, das Chorgestühl des Ulmer Münsters wurde beschädigt, Werkzeugfabrik Ott, Maysers Hutfabrik, Wielandwerke AG, Pflugfabrik Eberhardt, Ulmer Lederfabrik, Badeapparatefabrik Hettler, Nährmittelfabrik Th. Zeiher, Großwäscherei Schwenk & Lutz, Städt. Fuhrpark, Zeughaus, Standortlazarett Michelsberg, Schäden in denBahnanlagen, Landratsamt und Rathaus in Neu-Ulm, Katholische Kirche, AOK und Güterhalle in Neu-Ulm.
Tote/Verletzte: 472/181

4. März 1945:
3. Großangriff von 10.02 bis 11.04 durch ca. 500 Flugzeuge mit ca. 200 Sprengbomben, 10 Minenbomben, 65 000 Brandbomben.

Hauptangriffsziele: Neu-Ulm mit Offenhausen und Pfuhl, in Ulm das Industrieviertel der Oststadt, Michelsberg, ein Teil der Weststadt.

An Gebäuden wurden zerstört: 293 total, 419 schwer bis leicht.

Zahl der Obdachlosen und Umquartierten: ca.11 500 Personen.

Unter anderem wurden getroffen: Dresdner Bank Ulm, Volksbank Neu-Ulm, Ortskrankenkasse Ulm, Konsumgenossenschaft, Kathol. Kirche in Neu-Ulm, "Schlössle" Offenhausen, Oberschule und Sparkasse Neu-Ulm, Lagerhallen Klöckner-Humboldt-Deutz-AG. in Neu-Ulm, Möbelfabrik Mayers Söhne in Neu-Ulm, Maschinenfabrik Reich, Lederwarenfabrik Römer und Achsen- und Fahrzeugbau August Welte in Neu-Ulm, Bahnhof und Postamt in Neu-Ulm. Durch Flächenbrand wurde die gesamte Mittelstadt von Neu-Ulm zerstört.
Tote/Verletzte: 154/321

15. April 1945:
Leichter Tagesangriff auf Güterbahnhof Ulm um 13.46.
Tote/Verletzte: 1

16. April 1945:
Tieffliegerangriff mit Bordwaffenbeschuß auf Bahnhof Söflingen.

19. April 1945:
4 Angriffe, und zwar auf Güterbahnhof, Eisenbahnbrücke, Hauptbahnhof und Neu-Ulm, Offenhausen, Hotel Münchner Hof und Bayern-Lichtspiele.

In den folgenden Tagen bis zum Einmarsch der alliierten Truppen am 24. April 1945 fanden ununterbrochen leichte Luftangriffe und Tieffliegerangriffe mit Bordwaffenbeschuß statt, worüber keine Aufzeichnungen mehr vorliegen.

Insgesamt Tote/Verletze: 1677/1428
Davon in Luftschutzkellern: 886/495

Endgültige Zahl der Toten durch Fliegerangriffe nach Feststellungen des Standesamtes: 1775
Todesopfer in Neu Ulm: 296

Der Gesamtschaden in Ulm wurde in Jahre 1945 veranschlagt auf rund 417 Millionen RM unter Zugrundelegung von Vorkriegspreisen.

1 Trümmerkarte von Ulm
(schwarz Zerstörungen)

Die letzten Tage der Stadt

Während in jenen Apriltagen des Jahres 1945 die Stadt durch ständige Fliegerangriffe in Bann gehalten wurde, näherte sich der Vormarsch der amerikanischen Truppen, über die schwäbische Alb kommend, der Stadt Ulm.

Zur Verteidigung der Stadt war ein äußerer und ein innerer Verteidigungsring vorgesehen. Noch in den letzten Tagen trafen ein Stab von Architekten und 3000 russische Arbeitskräfte ein, um in der Innenstadt ein Kernwerk auszubauen, das "bis zum letzten Mann" verteidigt werden sollte. Zum Ausbau dieses Kernwerks ist es jedoch nie gekommen. Weder eine Sperre noch irgendein Maschinengewehrnest ist im Innern der Stadt errichtet worden, so daß es hier glücklicherweise zu keinen Kampfhandlungen gekommen ist und die Stadt von weiteren Zerstörungen verschont blieb.

Der Ausbau des äußeren Verteidigungsringes war zwar auf der Karte mit zahlreichen Waffen, Sperren und Minenfeldern vorgesehen. Praktisch blieb es bei den Anfängen eines Panzergrabens, der rund um die Stadt in 3 bis 4 Kilometer Entfernung ausgehoben werden sollte. Die wenigen in Ulm vorhandenen militärischen Kräfte wurden an diesem äußeren Ring eingesetzt. Der Volkssturm kam zum Glück nicht zum Kampfeinsatz, da die Führung nach den schweren Luftangriffen nie mehr Ordnung in ihre Kartei bekam und deshalb auch nie wußte, wie stark der Volkssturm war und über wen überhaupt verfügt werden konnte.

Die amerikanischen Kampfeinheiten stellten sich in der Nacht vom 23. auf den 24. April auf den Höhen rings um Ulm planmäßig zum Angriff bereit und griffen dann am 24. April mit starken Panzerkräften an. Ohne auf nennenswerten Widerstand zu stoßen, drangen sie von Westen, Norden und Nordosten in die Stadt ein. Lediglich auf der Wilhelmsburg wurde noch bis in die Nacht hinein gekämpft, während die Stadt selbst bereits durch amerikanische Truppen besetzt war. Als die ersten Panzer die Gegend der Martin-Luther-Kirche erreicht hatten, gab der Kampfkommandant, Oberst Teichmann, den Befehl zur Sprengung der "Schillerbrücke" und der Eisenbahnbrücke. Kurz darauf gingen auch die "Herdbrücke" und die "Neue Donaubrücke" in die Luft.

Noch am Tage zuvor, als bei der Stadtverwaltung im EWU-Gebäude (heutiges SWU-Gebäude in der Münchner Straße) bereits niemand mehr anzutreffen war und auch die Kreisleitung sich aus dem Staub gemacht hatte, unternahm Fabrikdirektor Karl Eychmüller den gewagten Versuch, durch eine Intervention beim Kampfkommandanten die Sprengung der Donaubrücken abzuwenden.

Ihm ist es zu verdanken, daß auf seine Vorstellungen hin von der Sprengung der schmalen Donaubrücke beim Wasserwerk Wiblingen Abstand genommen wurde. Durch eine Sprengung dieser Brücke wäre die Strom- und Wasserzufuhr für die gesamte Stadt auf Monate unterbrochen worden, was für die Bevölkerung unabsehbare Folgen gehabt hätte.

Auch die Sprengung der beiden Straßenbrücken über die Stuttgarter Bahnlinie im Zuge der Stuttgarter Straße und der Prittwitzstraße konnte durch das Eingreifen eines Ulmer Bürgers noch eine halbe Stunde vor dem Einmarsch der Amerikaner verhindert werden. Dr. Stockburger, damals leitender Arzt der inneren Abteilung im Lazarett, konnte beim Pionierkommandeur die Rücknahme des Sprengbefehls für diese Brücken erwirken. Sicher hat in jenen kritischen Tagen noch manch anderer seinen Teil dazu beigetragen, die Auswirkungen einer sinnlosen Zerstörungswut abzuwenden, die am deutlichsten in dem bekannten Vernichtungsbefehl Hitlers zum Ausdruck kam, nach dem alle Versorgungseinrichtungen, Gaswerke, Elektrizitätswerke, Wasserwerke, sowie die gesamte noch erhalten gebliebene Industrie zerstört werden sollten. Gerade diese letzten dramatischen Tage des Krieges zeigen, daß es den Nazis niemals um das Wohl des Volkes gegangen ist, sondern nur um die nihilistischen Machtgelüste einer verbrecherischen Clique.

Während in den letzten Tagen des Krieges der vom abziehenden Oberbürgermeister Friedrich Foerster eingesetzte Leiter der Ortspolizeibehörde, Polizeirat Hermann Frank die Geschäfte des Oberbürgermeisters führte, wurde wenige Tage nach der Besetzung Fabrikdirektor Karl Eychmüller von den Amerikanern als Oberbürgermeister eingesetzt, der dann am 8. Juni durch den Verfasser dieses Berichtes abgelöst wurde.

Ein neues Beginnen

Als am 24. April 1945 die Amerikaner und nach ihnen die Franzosen in Ulm einrückten, waren die meisten Ulmer wie von einem Alpdruck befreit und froh, daß nun der Bombenschrecken zu Ende war. Die Amerikaner wurden mit Vertrauen empfangen. Man versprach sich von ihnen Menschlichkeit, unparteiische Gerechtigkeit und baldigen Frieden. Aber nach allem, was geschehen war, konnte man kaum einen ähnlichen Ablauf der Nachkriegsentwicklung erwarten wie nach 1918. Damals war auch ein Regierungssystem zusammengebrochen, aber ein konstitutionelles, wie es bis dahin in den meisten Staaten der Welt geherrscht hatte. Dagegen war das Regierungssystem des Dritten Reiches mit direkter und indirekter Gewalt an die Macht gekommen. Es unterwarf sich die Menschen bis zu seinem fürchterlichen Ende mit Gewalt, Lug und Trug und wandte nach innen und nach außen Methoden an, wie sie uns kaum aus den dunkelsten Zeiten der Vergangenheit bekannt sind. Sie mußten dem Empfinden aller gesitteten Menschen der Erde ins Gesicht schlagen.
Um diese Macht zu stürzen, bedurfte es außerordentlicher Anstrengungen, die aus eigener Kraft kaum noch zu entfalten war. So betrachteten viele die Besatzungstruppen als Befreier. Nach all den Verbrechen, die im deutschen Namen in der Welt begangen wurden, war es allerdings nicht verwunderlich, daß die Besatzungssoldaten der Bevölkerung mit kühler Zurückhaltung begegneten.

Auch 3 Jahre nach dem Ende der Kriegshandlungen sind die größten Schwierigkeiten im Alltagsleben festzuhalten. Äußerlich gesehen geht es den meisten nicht besser, sondern schlechter als während des Dritten Reiches, schlechter sogar als während des letzten Kriegsjahres. Die amtlichen Lebensmittelrationen, mindestens die des Normalverbrauchers, sind wesentlich geringer als 1944. Sie sind ohne Zweifel stark unter dem Minimum, das der normale Mensch zur Erhaltung des Lebens braucht. Auch mit seinen Zulagen erhält der Arbeiter nicht genug, um eine volle Arbeitsleistung verrichten zu können. Nicht besser steht es auf dem Gebiet der Versorgung mit Kleidern, Wäsche, Schuhen und allen Gegenständen des täglichen Bedarfs.

Angesichts der ungeheuren Not, unter der ständigen Bedrohung der Lebensexistenz und im Kampf um die allerdringendsten Bedürfnisse des täglichen Lebens beginnen die nach Kriegsende erleichterten und für einen neuen und besseren Anfang aufgeschlossenen Herzen sich mehr und mehr zu verschließen und zu verhärten. Verbitterung und Haß oder Resignation und Apathie machen sich breit. Jedes Gemeinschafts- und Verantwortungsgefühl droht im Kampf um die Selbsterhaltung unterzugehen. Hier vermögen alle Predigten und Ideologien nur wenig zu helfen. Das Gerede von Demokratie und Menschlichkeit klingt hohl und phrasenhaft. Einem hungernden Magen ist es gleich, von wem er sein Brot erhält, ob von der Diktatur oder der Demokratie. Mit Not und Elend kann man schwerlich einen Menschen umerziehen. Erst wenn unsere materielle Lebensgrundlage wieder sichergestellt ist und ein einigermaßen menschenwürdiges Maß erreicht hat, hat unser Volk Aussicht auf eine geistige, sittliche und politische Erneuerung.

Wenn man mich fragt:"Könnte es nicht besser sein?", so muß ich antworten: "Gewiß, es könnte vieles besser sein."

Deutschland war eines der hochentwickeltsten Länder, sowohl was die Landwirtschaft als auch was die industrielle Tätigkeit anbelangt. Trot der umfangreichen Zerstörungen an Industriewerken wären wir in der Lage, unseren Mangel an Gütern aller Art weitgehend aus eigener Kraft zu beheben, wenn uns unsere eigenen Rohstoffquellen und die der Welt offenstünden. Ohne die Abschließung von der Weltwirtschaft könnten wir durch Export die notwendigen Lebensmitteleinfuhren bezahlen und brauchten nicht den amerikanischen Steuerzahlern zur Last zu fallen. Auch die Erfahrungen aus der Zeit nach dem ersten Weltkrieg könnten uns zugute kommen.

Schuld an unserer noch so unbefriedigenden Lage ist außerdem die Zerschneidung Deutschlands in 4 Zonen und Wirtschaftsgebiete, darüber hinaus das Herausschneiden eines großen Nahrungsmittelüberschußgebietes aus dem deutschen Wirtschaftsraum, mit dem es in Jahrhunderten eng verbunden war. Daß man in das durch Krieg und Ausbombung ausgeblutete Land noch 11 bis 12 Millionen völlig mittelloser Menschen hineinpferchte, ist eine Transfusion, die kein Land der Welt, nicht einmal das große und reiche Amerika, ohne schwere Erschütterung der Lebensgrundlage seiner ganzen Bevölkerung verkraftet hätte.

Wenn ich auf diese Dinge hinweise, so nicht, weil sie mit unserer Kommunalpolitik unmittelbar zusammenhängen, sondern, um die Grenzen der Stadtverwaltung aufzuzeigen. Die Stadtverwaltung kann niemals die Verantwortung tragen für diese unsere Lebensgrundlage erschütternden Tatsachen, an denen sie nichts zu ändern vermag. Sie kann auch keine neuen Gesetze erlassen, denn dafür ist nicht einmal die Staatsregierung zusammen mit dem Landtag allein ermächtigt. Sie kann nur bestrebt sein, aus den gegebenen Umständen und im Rahmen der geltenden Gesetze das bestmöglichste zum Wohle der Stadt herauszuholen.

Was ist denn die Aufgabe einer Stadtverwaltung? In normaler Zeit gehörte dazu in erster Linie die Verwaltung des Gemeindevermögens, der Bau und ie Unterhaltung der Verkehrswege, die äußere Unterhaltung der Schulanstalten, die Förderung der Kultur durch Theater, Museum und Bibliotheken, die Versorgung der Bevölkerung mit Gas, Wasser und elektrischer Energie, die Fürsorge für die Kranken und Armen, die Förderung des Wohnungsbaues. Die Erhaltung und der Schutz der öffentlichen Sicherheit und Ordnung gehörte seit bald drei Jahrzehnten nicht mehr zu den Gemeindeaufgaben, sondern war Aufgabe des Staates geworden.

Nach dem Zusammenbruch aber waren die normalen Aufgaben der Stadt zu Nebenaufgaben geworden. Den Problemen des Aufbaues nicht nur der zerstörten Stadt, sondern des ganzen wirtschaftlichen, sozialen und politischen Gefüges des Gemeinwesens gehörte ständig der Vorrang.

Wer erinnert sich heute noch daran, wie es in Ulm im Frühjahr 1945 aussah? Die meisten Straßen waren nicht befahrbar, die Bürgersteige nicht begehbar. Keine Eisenbahn verkehrte. Erst ab 22. Juni 1945 wurde die Strecke Ulm - Geislingen und dann ab 22. August 1945 die Strecke Ulm - Sontheim wieder in Betrieb genommen. der Postverkehr lag still und wurde innerhalb des Kreises erst ab 20. August 1945 und für die ganze US-Zone ab 1. September 1945 wieder aufgenommen. Keine Straßenbahn, kaum ein deutscher Kraftwagen fuhr, kein Benzin war vorhanden. Die Wasserleitung war an vielen Stellen unterbrochen. Gas gab es nicht. Nicht nur fehlte es an Kohlen, sondern auch das Gaswerk war nicht betriebsfähig und die Gasleitungen waren an vielen Stellen zerstört. Das gleiche war der Fall bei den Kabelleitungen des Elektrizitätswerks und bei der Kanalisation. Viele der noch stehengebliebenen Gebäude hatten schadhafte Dächer und Fenster. Kein einziges Schulgebäude der Stadt, die Vororte ausgenommen, war erhalten geblieben. Die Wagnerschule war Durchgangslager für die zurückgeführte Zivilbevölkerung und für die durchkommenden Soldaten. An manchen Tagen lagen einige tausend in der Wagnerschule, und wenn es regnete, drang das Wasser bis in die Untergeschoßräume. Wegen Überfüllung mußten die Menschen oft im Freien kampieren. Um die zurückflutenden und in Ulm hängenbleibenden Evakuierten weiterzuleiten, wurden endlich Lastwagenkolonnen zusammengestellt, die die Leute bis ins Rheinland fuhren und auf der Rückfahrt Kohlen für die Bäckereien und Metzgereien mitbrachten, um der Bevölkerung die notwendigsten Nahrungsmittel zur Verfügung stellen zu können. Auch Salz mußte mit Lastwagen aus Regensburg und Heilbronn geholt werden. Längere Zeit bestand so gut wie kein Telephonverkehr. Die Unsicherheit war groß. Fast keine Nacht verlief ohne Gewaltverbrechen, an denen besonders Polen beteiligt waren. Auch die inzwischen aufgestellte Polizei hatte viel unter tätlichen Angriffen zu leiden, da sie zunächst unbewaffnet war, während die Polen vielfach Feuerwaffen besaßen. Um der Not in diesem Chaos Herr zu werden, galt es, zuerst eine Verwaltung aufzubauen, die der Situation gewachsen war.

Der Aufbau der Stadtverwaltung

Die Stadtverwaltung mußte aus dem Nichts aufgebaut werden. Die meisten städtischen Beamten waren auf Befehl der Militärregierung entlassen worden, sofern sie der NSDAP angehört hatten. Sie mußten ersetzt werden durch Kräfte, die oft über keinerlei Kenntnisse und Erfahrungen auf dem Gebiete der öffentlichen Verwaltung verfügten und die sich nun außerordentlichen Aufgaben gegenübersahen, bei denen sich selbst erfahrene Verwaltungskräfte nicht leicht taten.

Daß bei einem solchen Aufbau von heute auf morgen, unter Umständen, die eine Nachprüfung der Vergangenheit und des Leumunds oftmals ausschlossen, auch einmal ein charakterlich minderwertiges und hochstaplerisches Element sich in die Verwaltung einschlich, ist nicht verwunderlich. Der allergrößte Teil der Beamten aber hat gewissenhaft seine Pflicht getan und muß mit allen Mitteln vor böswilliger und leichtfertiger Verleumdung geschützt werden, die heute bei vielen offenbar zum guten Ton ihrer "demokratischen Gesinnung" gehört und mit der sie ihr Selbstbewußtsein steigern möchten, nachdem sie zwölf Jahre lang unterwürfig den Mund gehalten haben. Es handelt sich aber dabei entweder um gewissenlose Lügner oder pflichtvergessene Bürger. Denn wenn diese Behauptungen über angebliche Korruption in der Ulmer Beamtenschaft auf Wahrheit beruhten, so hätten sie die Pflicht, Anzeige zu erstatten und den Beweis für ihre Behauptung anzutreten, um ihren Teil für eine saubere und geordnete Verwaltung beizutragen. Ein grundloses und gedankenloses Geschwätz aber kann dazu führen, daß sich kein anständiger und ehrenhafter Mensch mehr für den öffentlichen Dienst hergibt, wodurch erst recht der Weg für unsaubere Elemente frei wird.

Nachdem die Aufgaben, die in normalen Zeiten zu den ausschließlichen Obliegenheiten einer Stadtverwaltung gehörten, fast ganz in den Hintergrund traten und nun die neuen Aufgaben des Wiederaufbaus, der Planung und Verteilung, der Bearbeitung einer Unzahl von allgemeinen Notständen die Stadtverwaltung fast ganz in Anspruch nahmen, mußte notwendigerweise auch die Zahl der städti schen Beamten, Angestellten und Arbeiter erheblich ansteigen, so daß heute die Stadt selbst der größte Arbeitgeber im weiten Umkreis ist.

Personalstand der Stadtverwaltung

	1947	1946	1945	1938
a) Beamte	183	194	200	230
b) Angestellte	768	600	593	305
c) Arbeiter	1191	1173	1087	700
	2142	1967	1880	1235

Die Zahlen von 1938 beziehen sich nur auf die damalige Vorkriegsverwaltung, also ohne die Polizei, das Wohnungsamt, das Wirtschafts- und Ernährungsamt, die Preisbehörde, das Kriegsschäden- und Besatzungsamt, das Aufbau- und Baustoffamt, das Straßenverkehrsamt und die Berufsfeuerwehr.

Mit der fortschreitenden Stabilisierung der Verwaltung konnte von einem anfänglichen Improvisieren mehr und mehr zu einem planmäßigen Aufbau übergegangen werden.

Angesichts der ungeheuren Wohnungs- und Raumnot mußte selbstverständlich der Wiederaufbau im Mittelpunkt aller Bestrebungen der Stadtverwaltung stehen. Ulm war zu 62% zerstört. An den eigentlichen Aufbau konnte aber vor Herbst 1945 nicht gedacht werden, da bis dahin den Zivilstellen kein Zement zur Verfügung stand.

Entschuttung

Als erstes galt es, die Hauptverkehrsstraßen zu entschutten und die Bombenschäden in den Straßendecken zu beseitigen, um einen reibungslosen Verkehr innerhalb der Stadt zu ermöglichen. Die Entschuttung der Hauptverkehrsstraßen wurde einige Zeit durch den Einsatz der ehemaligen Mitglieder der NSDAP durchgeführt, dann aber bald wieder eingestellt. Im Herbst 1945 wurde in Ulm die Fünftagearbeitswoche eingeführt. Dies geschah in erster Linie wegen des Mangels an Energie und Brennmaterial. Der freie Samstag wurde benützt, um die öffentlichen Verkehrsflächen zu entschutten, indem die Männer zwischen 18 und 55 Jahren stadtbezirksweise zur Gemeinschaftsarbeit an den Samstagvormittagen aufgerufen wurden. Im Sommer 1947 waren dann sämtliche Straßen vom Schutt frei, so daß diese Aktion eingestellt werden konnte. Auf diese Weise wurden 60 000 cbm Schutt von den Straßen und Plätzen entfernt.

Von der planmäßigen Entschuttung ganzer Zerstörungsgebiete wurde bewußt Abstand genommen, da es in erster Linie darum ging, durch Ausbau der schwerbeschädigten Häuser Wohnungen und gewerbliche Räume zu schaffen. Von Schutt und Ruinen freigeräumte Flächen mögen zwar einen imposanten Anblick bieten und einen oberflächlichen Betrachter beeindrucken, aber die so dringenden Wohnungen sind damit nicht geschaffen. Im Gegenteil, die ohnedies knappen Arbeitskräfte, Kraftfahrzeuge und Betriebsstoffe werden dem eigentlichen Aufbau entzogen. Solange es noch eine große Zahl von ausbaufähigen Ruinen gab, die vor dem völligen Zerfall zu retten waren, bestand gar kein Bedürfnis für eine großzügige Flächenentschuttung.

Erst im Herbst 1947 wurde deshalb die Entschuttung im größeren Stil in Angriff genommen und zu diesem Zweck eine Trümmerbahn gebaut. Zwar ist der Abtransport des Schuttes mittels Kraftfahrzeugen erfahrungsgemäß billiger und wendiger. Dieses Verfahren ist jedoch infolge des allgemeinen Reifenmangels nicht durchführbar.

Die Gesamttrümmermasse Ulms wurde nach dem Stand von 1945 auf 1,2 Millionen cbm festgestellt. Bis Ende 1947 waren davon 220 000 cbm = 18% beseitigt.

Ein Vergleich mit etwa gleich großen und gleich schwer zerstörten Städten zeigt, daß Ulm in der Trümmerbeseitigung im Jahre 1947 an der Spitze dieser Städte steht, obwohl die planmäßige Entschuttung erst im Anlaufen ist (Bild 3):

	Trümmermasse insgesamt:	Trümmerbeseitigung 1947:
Freiburg	1,0 Millionen cbm	25 000 cbm = 2,5%
Pforzheim	2,0 Millionen cbm	100 000 cbm = 5,0%
Heilbronn	1,4 Millionen cbm	25 000 cbm = 1,8%
Ulm	1,2 Millionen cbm	107 000 cbm = 9,0%

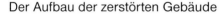

FREIBURG   PFORZHEIM   HEILBRONN   ULM

3

Der Aufbau der zerstörten Gebäude

Vor dem Kriege hatte Ulm 10 500 Gebäude
Während des Krieges wurden zerstört oder beschädigt
7 200 Gebäude davon total zerstört oder schwer beschädigt
4 030 Gebäude (Bild 4)

TOTAL ZERSTÖRT   BESCHÄDIGT   ERHALTEN

Von den 1939 vorhandenen 20 100 Wohnungen wurden als zerstört und nicht mehr reparaturfähig festgestellt: 6600.

Das zum Bauen nötige Geld konnte in den meisten Fällen aufgebracht werden und war kein Hindernis beim Wiederaufbau. Anders war es mit den Baustoffen. Die amtlichen Zuweisungen entsprachen keineswegs den ungeheuren Bedürfnissen.

Ein nicht unwesentlicher Teil konnte durch die Stadtverwaltung zusätzlich beschafft werden. Eine weitere wesentliche Steigerung der Baustoffbeschaffung ergab die Selbsthilfe der Bauherren.

Darüber wurde viel geschimpft und sowohl durch die Bevölkerung wie im Stadtrat verlangt, daß gegen das Bauen mit selbstbeschafften Baustoffen eingeschritten werde. "Natürlich, der kann bauen, weil er kompensieren kann", ist der allgemeine Ausdruck der Entrüstung. Aber man muß dieser Frage sachlich und nüchtern zu Leibe gehen, wobei allein der Gesichtspunkt entscheidend sein kann, was am schnellsten die ungeheure Wohnungsnot der Allgemeinheit überwinden hilft.

Gewiß sind Kompensationsgeschäfte ein Übel, das durch die Stadtverwaltung nicht noch unterstützt werden sollte. Aber was ist damit gewonnen, wenn gegen das Bauen mit nichtamtlichen Baustoffen eingeschritten wird? Glaubt vielleicht jemand, daß dadurch die Kompensationswaren auf den offenen Markt kämen? Das Kompensieren im Bauwesen kommt nur der Allgemeinheit zugute, weil sich niemand ein paar Wohnungen halten darf, wie er zu Weihnachten ein paar Gänse verschlingen kann. Das Kompensieren zu persönlichen Zwecken hat einen ganz anderen Charakter als hier, wo es dem Wohl der Allgemeinheit dient. Zusätzliche Baustoffe schaffen zusätzliche Wohnungen und erhöhen die Wohnraumkapazität unserer Stadt, über die allein das Wohnungsamt verfügt. Die zurückgehaltenen Warenbestände, die sonst nicht erfaßt werden, werden also umgesetzt in Wohnraum und kommen damit gerade den Kreisen zugute, die nichts zu kompensieren haben.

Selbst wenn es der Stadtverwaltung gelingen würde, das Bauen mit kompensierten Baustoffen unmöglich zu machen, glaubt da vielleicht jemand im Ernst, daß durch eine solche Maßnahme die Stadt Ulm vom Landeswirtschaftsamt auch nur e i n e n Sack Zement oder einen cbm Holz mehr zugeteilt bekäme? Für den Ulmer Aufbau allerdings blieben die nicht erfaßten Baustoffe aus. Dafür aber würden sie nach anderen ausgebombten Städten oder aufs Land abgezogen.

Durch eine kurzsichtige "Durchgreifpolitik" hätte man also glücklich erreicht, daß mit dem amtlich zugeteilten Baustoffkontingent weniger als die Hälfte jener Wohnungen hätte gebaut werden können, die in Ulm tatsächlich gebaut worden sind. Es gilt hier wie überall nicht nach irgend einer Ideologie zu handeln, sondern nüchtern die Verhältnisse zu studieren, wie sie sind. Und Umstände, die durch die allgemeine Lage bedingt sind und die die Stadtverwaltung nicht aus eigener Macht ändern kann, gilt es so zu nutzen, daß sie schließlich doch der Allgemeinheit zugute kommen.

Die amtlich zugeteilten Baustoffe werden den Bauenden grundsätzlich in der vorgeschriebenen Dringlichkeitsstufe zugeteilt, wobei die am wenigsten zerstörten Gebäude den Vorrang haben. Dadurch, daß andere mit einer geringeren Dringlichkeitsstufe mit selbstbeschafften Baustoffen bauen, wird also denjenigen, die in erster Linie amtlich mit Baustoffen versorgt werden müssen, nicht geschadet.

Aber selbst wenn bei den ungeheuren Baubedürfnissen genügend Geld und Baustoffe vorhanden wären, könnte nicht gebaut werden, wenn es an Arbeitskräften fehlt. Ich war früher ständiger Berater von Ulmer Baufirmen. Aus dieser Tätigkeit war mir bekannt, daß ein großer Teil der Ulmer Bauarbeiter aus dem bayerischen Hinterland kam. Dieses ist aber seit 1945 ausgefallen, da das Arbeitsamt Neu-Ulm aus seinem Bezirk nur die früher ständigen Arbeiter nach Ulm herüberläßt, nicht aber die Saisonarbeiter. Darüber hinaus ist noch das Gebiet von Laupheim als Arbeitereinzugsgebiet durch die Grenze der französischen Zone für Ulm verschlossen (Abb. 9).

Als im Herbst 1945 das Flüchtlingsproblem heranrückte, war es mir deshalb klar, daß wir bemüht sein mußten, auch nach Ulm Facharbeiter aus den Flüchtlingskreisen hereinzunehmen, obwohl wir als ausgebombte Stadt nicht dazu verpflichtet gewesen wären. Ulm war in der vorteilhaften Lage, von Anfang an ein Durchgangslager für Flüchtlinge zu beherbergen. Trotz des Widerspruchs aus der Mitte des Beirats gab ich damals dem Flüchtlingskommissar den Auftrag, aus dem durch das Flüchtlingslager gehenden Flüchtlingsstrom alle Baufacharbeiter und alle irgendwie brauchbaren Bauarbeiter in Ulm zurückzuhalten. Daß ich damit rechtzeitig das Richtige tat, ist inzwischen allgemeine Erkenntnis geworden. So schreibt z. B. der Oberbürgermeister der Stadt Kiel im Dezember 1947:" ... daß es nur möglich ist, den Aufbau unserer zerstörten Großstädte durchzuführen, wenn es gelingt, heimatvertriebene Bauhandwerker in größerer Anzahl miteinzusetzen." Das Ergebnis meiner damaligen Maßnahme ist, daß in Ulm trotz der Abschnürung durch die französische Zonengrenze und die bayerische Landesgrenze im Bau- und Baunebengewerbe rund 3000 Arbeitskräfte beschäftigt sind. Es gibt in Ulm Baustellen, an denen nur Flüchtlinge beschäftigt sind. In dem sechsmal größeren Stuttgart sind etwa 7000 Bauarbeiter eingesetzt, während Heilbronn kaum zwei Drittel der Ulmer Bauarbeiterzahl zur Verfügung hat. Im Januarheft der Bauzeitschrift "Neue Stadt" berichtet der Stadtbaudirektor von Freiburg, daß in seiner Stadt nur 240 Facharbeiter für den Hochbau zur Verfügung stehen.

Entsprechend der Zahl der Arbeitskräfte ist auch die Baukapazität in Ulm verhältnismäßig höher als in jeder anderen ausgebombten süddeutschen Stadt.

Seit 1945 bis Ende 1947 wurden wiederhergestellt:
734 Wohngebäude = 18% der 4030 ganz zerstörten oder schwer beschädigten Gebäude,
1859 Wohnungen.

Die neu aufgebauten Wohnungen enthalten 3907 Wohnräume. Dazu kommen weitere 386 Wohngebäude mit 678 (= 10% der zerstörten) Wohnungen und ca. 2100 Wohnräumen, die gleichfalls noch im Jahre 1947 im Rohbau unter Dach kamen, und außerdem 125 Wohngebäude mit 264 Wohnungen, die Ende 1947 erst im Rohbau begriffen waren.

In den Jahren 1919 bis 1932 wurden im besten Baujahr
102 Wohngebäude mit 355 Wohnungen, im schlechtesten Baujahr
25 Wohngebäude mit 32 Wohnungen hergestellt.
In den Jahren 1933 bis 1939 wurden im besten Baujahr
284 Wohngebäude mit 746 Wohnungen, im schlechtesten Baujahr
72 Wohngebäude mit 206 Wohnungen hergestellt.

Wenn die Aufbauleistung die ungeheure Wohnungsnot auch noch nicht wesentlich zu lindern vermochte, so ist sie doch gegenüber den besten Friedensjahren eine beachtliche, wenn man bedenkt, daß auch damals schon eine allgemeine Wohnungsnot herrschte und unter den besten Friedensverhältnissen gebaut werden konnte, die mit den heutigen keinen Vergleich zulassen. Aber auch ein Vergleich mit der gesunden und wohlhabenden, jedoch gleichfalls von einer ernsten Wohnungsnot heimgesuchten Schweiz beweist die außerordentliche Bauleistung Ulms. Nach einem Bericht der Stadt Zürich wurden dort im Jahre 1947 rund 1700 Wohnungen fertiggestellt. Im Verhältnis der Einwohnerzahl Zürichs zu der von Ulm hätten es mindestens 2500 Wohnungen sein müssen, wenn man die Ulmer Aufbauleistung als Maßstab anlegt.

Eine Gegenüberstellung mit den auf Jahresende 1947 in der Presse veröffentlichten amtlichen Zahlen über den Wohnungsbau in vergleichbaren süddeutschen Städten zeigt den unwiderlegbaren Vorsprung Ulms:

Freiburg	360 Wohnungen
Pforzheim	297 Wohnungen
Reutlingen ca.	190 Wohnungen
Heilbronn	390 Wohnungen
Ulm	510 Wohnungen

Der größte Teil der Ulmer Industriebetriebe ist heute wieder aufgebaut oder im Aufbau begriffen, mit Ausnahme des Käseschmelzwerkes Koppenhöfer in der Blaubeurer Straße, der Schraubenfabrik Constantin Rauch, früher Fervor, in der Blaubeurer Straße und der Sport- und Sportartikelfabrik Heinrich Sohn in der Gaisenbergstraße.

Industriebetriebe

Großenteils wieder aufgebaut:

Magirus (Klöckner-Humboldt-Deutz), Fahrzeugfabrik, Werk I, Schillerstraße Karl Käßbohrer, Wagen- und Karosseriefabrik, Peter-Schmid-Straße, E.V.S. (Energieversorgung Schwaben) Dampfkraftwerk, Bleicher-Walk-Straße, Umspannwerk Herrlinger Straße, Steiger & Deschler, Seidenweberei, Söflinger Straße, Ludwig Kreiser, Leinenweberei und Wäschefabrik, Blaubeurer Straße, I. A. Molfenter & Cie., Dampf-, Säge- und Hobelwerk, Holzhandlung, Blaubeurer Straße, Kaspar Gaiser & Söhne, Sägewerk, Obere Bleiche, Johannes Österle, Sägewerk und Holzhandlung, Blaubeurer Straße, Friedrich Kaupp, Fensterfabrik, Blaubeurer Straße, Rich. Ant. Rehfuß, Zement- und Steinindustrie, Blaubeurer Straße, Gebr. Braun, Dachpappen- und Teerproduktenfabrik, Blaubeurer Straße, Hermann Backes, Vulkanisieranstalt und Schraubenfabrik, Blaubeurer Straße, Fink & Hummel, Eisschrankfabrik, Obere Bleiche, Ulmer Brauereigesellschaft, Brauerei und Mälzerei, Magirusstraße, Neubronner & Sellin, Schrotthandlung, Metallschmelzwerk, Magirusstraße, W. Speiser, Landmaschinenbau, Magirusstraße, August Frank, Geldschrankfabrik, Ulm-Söflingen, Ernst Mästling, Radiogerätefabrik, Römerstraße, Enzian Wilhelm Bilger, Molkereiprodukte, Söflinger Straße, Wilhelm Erb, Nährmittelfabrik, Walfischgasse, H. Zeiher, Nährmittelwerk, Ensingerstraße, Wieland-Werke AG., Metallwerke für Halbzeug, Olgastraße, Georg Ott, Werkzeug- und Maschinenfabrik, König-Wilhelm-Straße, Georg Groß, Karosserie- und Fahrzeugbau, Schülinstraße, Theodor Hettler, Fabrik für Heißwassergeräte, Gutenbergstraße, Ulmer Lederfabrik (Lebrecht), Wielandstraße,

Teilweise aufgebaut oder im Aufbau begriffen:

Maysers Hutfabrik, Örlinger Straße,
Gebr. Eberhardt, Pflugfabrik, Seestraße,
Schwenk & Lutz, Großwäscherei, Wieland/Nagelstraße,
Metzger & Co., Polsterwarenfabrik, Neutorstraße,
Emil Herbst, Bekleidungsindustrie, Zinglerstraße,
J. M. Eckart, Lederwarenfabrik, Bleichstraße,
Friedrich Schäfer, Leder- und Treibriemenfabrik, Bleichstraße,
Dietrich & Gräber, Waagenfabrik, Mörikestraße,
E. Schwenk, Zementwerke, Hindenburgring,
Beurer & Co., elektrotechnische Spezialfabrik, Söflinger Straße,
Magirus (Klöckner-Humboldt-Deutz), Fahrzeugfabrik, Werk III, Magirusstraße, Magirus (Klöckner-Humboldt-Deutz), Fahrzeugfabrik, Werk II, Blaubeurer Straße, Julius Gaiser, Fabrik gesundheitstechn. Geräte, Blaubeurer Straße.

Gewerbliche Betriebe

An gewerblichen Betrieben sind außerdem bis Ende 1947 neu aufgebaut worden, oder im Aufbau begriffen:

14 Zimmereigeschäfte
 3 Sägereien
 7 Spenglereien
10 Schlosserein
25 Schreiner-, Glaser- und Wagnerbetriebe
 6 Zementwarengeschäfte
 2 Kiesbaggereien
 8 Elektrowerkstätten
 3 Kupferschmiedewerkstätten
 3 Schmiedewerkstätten
 4 Tapezier- und Polsterwerkstätten
 1 Feilenhauerei
 2 Gerbereien
12 Metzgereien
14 Bäckereien
 9 Gastwirtschaften
 4 Friseurgeschäfte
 8 Kleinwerkstätten für Schuhmacher, Maler usw.
 8 Gärtnereien
17 landwirtschaftliche Gebäude
 5 Bildhauerwerkstätten
 1 Marmorwerk
 5 Waschanstalten
 2 Kliniken
 2 Apotheken
 2 Drogerien
38 verschiedene Ladengeschäfte
 2 Filmtheater
 4 Verlage
 1 Tageszeitung
 3 Druckereien

Handelsbetriebe

Größere Handels- und verwandte Betriebe, die seit 1945 aufgebaut oder im Aufbau begriffen sind:

Kaufhaus Müller & Co., Hirschstraße
WMF und Deutsche Bank (Südwestbank), Münsterplatz
Reichsbank (Landeszentralbank), Olgastraße
Café Lünert, Hotel-Restaurant, Bahnhofstraße
Christliches Hospiz, Neuer Graben
Süddeutsche Verlagsanstalt, Sedelhofgasse
Kreissparkasse, Promenade
Ortskrankenkasse, Ehinger Straße

Lagerhäuser

Wieder aufgebaut sind u.a.:

    Lagerhaus der Wüwa, Örlinger Straße
    Lagerhaus H. Otto Ernst, Engelbergstraße
    Lagerhaus C. Jung, Parlerstraße
    Lagerhaus Hermann Kolb, Seydlitzstraße
    Lagerhaus Märsch & Ploss (Julius Mohr), Söflinger Straße

Noch nicht aufgebaut sind die Lagerhäuser
der Kolonialwarenhandlung Aichmann & Huber am Güterbahnhof,
der Speditionsfirma C. E. Noerpel am Güterbahnhof,
der Getreide- und Mehlhandlung M. W. Spies am Güterbahnhof und
der Lebensmittelgroßhandlung Karl Gaißmaier an der
Blaubeurer Straße.

Wenn man die Aufbauleistung der letzten zwei Jahre zugrunde legt, die in der Schutträumung 18% der Gesamtschuttmasse und im Wohnungsbau 18% der zerstörten Wohngebäude ausmacht, und wenn man annimmt, daß das Bauen bei Wiedereintritt halbwegs normaler Verhältnisse durch besseren Fluß der Baustoffe und normalere Leistung der Bauarbeiter annähernd wieder ein Tempo erreicht wie früher, so besteht die Aussicht, daß Ulm in zehn Jahren wiederaufgebaut sein wird. Dies ist durchaus keine Illusion, sondern das Ergebnis nüchterner Berechnung.

Stadtplanung

Die Stadtplanung steht verständlicherweise im Brennpunkt des Interesses. Hier sind wir im Jahre 1947 einen erheblichen Schritt vorwärts gekommen. Daß über die zerstörte Altstadt Bausperre verhängt wurde, bedeutete für manchen eine Härte. Dies aber war nötig, wollte man die im Unglück liegende Chance ausnützen und nicht einfach planlos wieder aufbauen lassen, sollte nicht alles wieder erstehen, wie es war: Enge Gassen mit einem Gewirr von Einbahnstraßen, aus dem selbst ein Einheimischer kaum mehr herausfindet, noch viel weniger ein Fremder; ein verschachteltes Häusergewirr mit vollgepfropften Hinterhöfen; ein Wohnen ohne Licht und Sonne. Und selbst wenn alles wieder gebaut würde, wo es früher stand, so sind doch die malerischen Reize des historisch gewordenen mittelalterlichen Stadtbildes für immer dahin. Sie können nicht mehr zurückgeholt werden, ob wir nun alles beim alten lassen oder neu planen.

So haben wir die Aufgabe, genau zu prüfen, wo wir neue Wege gehen, die Straßen weiten, die früher unhygienisch enge Bebauung lockern und für das Gewerbe geeignetere Geschäftshäuser mit besseren Zu- und Abfahrten schaffen können. Daß hierbei auf das Bestehende so viel wie möglich Rücksicht genommen werden muß, erschwert die Planungsarbeiten, Rücksicht sowohl auf die historischen Gegebenheiten als auch auf jeden materiellen Wert in Form von ausbaufähigen Ruinen, Fundamenten, Kanalisation usw. Hier immer die richtige Mitte zwischen Rücksichtnahme und Weitsichtigkeit zu finden, ist nicht einfach. Die Entscheidungen bringen immer Härten gegen diesen oder jenen mit sich. Wir sind zwar bemüht auszugleichen und dem, der an der alten Stelle nicht wieder aufbauen kann, an anderer Stelle ein neues Baugrundstück zu vermitteln. Es muß auch Verständnis dafür aufgebracht werden, daß nicht alle gleichzeitig mit dem Wiederaufbau beginnen können, schon weil gar nicht genug Arbeitskräfte und Baustoffe vorhanden sind. Sicher ist, daß in Ulm noch kein Handwerker feiern mußte, weil die Planung nicht schnell genug vor sich ging.

Die wichtigste Verkehrsader durch Ulm ist die Verbindung der Weststadt mit der Stadtmitte und weiter zur Oststadt. Man ist sich klar geworden, daß im Zuge der Ehinger Straße - Glöcklerstraße eine neue leistungsfähige Kreuzung mit den Bahnanlagen, wahrscheinlich in Form einer Unterführung, geschaffen werden muß. Der Verkehr soll dann durch die verbreiterte Glöcklerstraße, am "Baumstark" aber abzweigend direkt am "Neuen Bau" vorbei zum Münsterplatz geführt werden. Dadurch könnte die Hirschstraße als "gute Stube" und vor allem für den Fußgängerverkehr zum Bahnhof ungefähr in der alten Breite bleiben, um ihr die Intimität und dem Münster vom "Blanken" her gesehen den Rahmen zu erhalten. Die Geschäftshäuser an der Hirschstraße sollen viergeschossig gebaut werden. Der Zubringerverkehr erfolgt nicht mehr von vorn, sondern durchweg von hinteren Nebenstraßen.

Die Bebauung des Münsterplatzes ist noch nicht endgültig geklärt. Dies ist eine besonders verantwortungsvolle Aufgabe und darf auf keinen Fall überstürzt werden. Einig ist man sich über die Notwendigkeit, den eigentlichen Münsterplatz gegen die Hauptverkehrsader hin abzuschirmen. Wieviel bisherige Platzfläche dazu überbaut werden muß und welche Form die Bebauung haben wird, diese Entscheidung ist nicht eilig und kann reifen.

Geklärt ist der Verlauf der Langen Straße. Die Häuser an der Nordseite von der Alten Bierhalle bis zur Frauenstraße werden wieder ungefähr auf den alten Fundamenten erstehen, im ersten Abschnitt bis zur Kramgasse dreigeschossig, im zweiten bis zur Frauenstraße viergeschossig. Der Hauptwachplatz soll erweitert werden zum eigentlichen Platz in der Stadtmitte. Hier werden in Zukunft die öffentlichen Verkehrsmittel halten. Die alte Hauptwache und der völlig zerstörte Block zwischen Hauptwachplatz und Marktplatz (ehemaliges Musikhaus Reisser) werden nicht wieder erstehen. Das Rathaus wird den neuen Platz beherrschen.

Ob und in welcher Form zwischen Taubengasse und der nach Süden zu erweiternden Langen Straße noch eine Ladenzeile erstellt wird, bedarf noch der Klärung und muß einer späteren Entscheidung überlassen werden. Ohne Zweifel fehlt Ulm die Weite, wie sie z.B. Augsburg mit seiner Maximilianstraße und auch kleinere schwäbische und bayerische Städte haben. Hier wäre sie zu gewinnen. Der Münsterplatz dagegen ist ein Kirchplatz und hat eine ganz andere

Aufgabe als ein Halte- und Parkplatz für Omnibusse und andere Fahrzeuge zu sein, wie es heute der Fall ist. Im übrigen gibt es noch so viele Straßenwände, die mit Geschäftshäusern zu schließen sind, daß schon aus diesem Grund verantwortet werden kann, an den Stellen abzuwarten, wo man sich zu einer endgültigen Klärung und Einigung noch nicht zusammenfinden konnte.

Die Lange Straße soll über die Donaustraße und Frauenstraße hinaus, vorbei an der Dreifaltigkeitskirche zur Basteistraße durchgeführt werden, um so eine zügige Verbindung zur Oststadt und zur unteren Donaubrücke zu schaffen.

Die Frauenstraße wird eine Mindestbreite von 18 m erhalten und beidseitig viergeschossig angebaut werden. Das Hafenbad wird eine durchschnittliche Breite von 15 m und eine dreigeschossige Bebauung bekommen. Der Block zwischen diesen beiden Straßen ist geklärt. Ihm wird das Kornhaus das Gesicht geben.

Der Straßenzug vom Neutor über Sterngasse - Herrenkellergasse wird über das Hafenbad hinaus am Kornhaus vorbei seine Fortsetzung zur Bockgasse finden. Die Breite Gasse wird zum Judenhof durchgeführt.

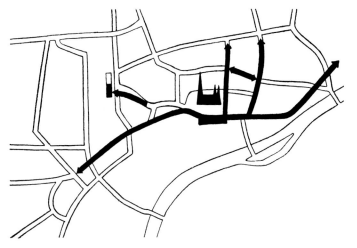

5 Neue Verkehrsplanung

Zu einer der wichtigsten Fragen der Stadtplanung brachte das Ende des Jahres 1947 noch eine erste Klärung. Trotz der ungünstigen Lage des Personenbahnhofs, der zwischen Michelsberg und Donau eingezwängt ist und eine zu geringe Längenausdehnung hat, müssen nach dem verlorenen Krieg alle noch so guten Vorschläge für eine Verlegung oder auch nur grundlegende Änderung des Bahnhofs als utopisch bezeichnet werden. Man muß deshalb versuchen, an der alten Stelle und mit möglichst geringen grundsätzlichen Veränderungen einen besseren Personenbahnhof wiedererstehen zu lassen. Es war ursprünglich von der Reichsbahn vorgesehen, die bayerischen Stumpfgeleise durchzuführen, um dadurch eine größere Bahnsteiganlage zu bekommen. Das hätte aber eine Verlegung des Bahnhofgebäudes nach Osten erforderlich gemacht, wodurch wertvolle Flächen im Stadtkern verlorengegangen wären. Es hätte dies auch eine völlige Umgestaltung des Straßennetzes um den Bahnhof bedingt.

Nun konnte mit der Reichsbahn eine Lösung vereinbart werden, bei der das neue Bahnhofgebäude in der Flucht des alten erstehen kann. Durch Herausnahme aller Abstellgeleise wird trotzdem eine einwandfreie Bahnsteiganlage ermöglicht. Da die bisher ungenügenden Bahnsteige nach Süden verlängert werden müssen, wird auch die Achse des Bahnsteigtunnels bis etwa auf Höhe des alten Bahnhofsteges nach Süden gerückt. Damit kommt auch das neue Bahnhofgebäude etwa 50 bis 70 m weiter südlich zu stehen. Mit dem Bahnhof wird das westliche Ende der Bahnhofstraße ebenfalls weiter nach Süden gerückt. Sie bekommt damit eine neue Führung. Dadurch entstehen auf der Nordseite einwandfreie Geschäftsgrundstücke, dort, wo bisher die Häuser nur in geringer Tiefe vor der Blau klebten.

Das alte "Deutschhaus" kann nicht wieder aufgebaut werden. Alle beteiligten Stellen, auch das Württembergische Finanzministerium und das Landesamt für Denkmalpflege sind sich einig, daß dieses historische Gebäude zu sehr zerstört ist, um es als totes Schaustück wieder erstehen zu lassen. Auf dieser Seite werden zwischen Bahnhofstraße, ehemaliger Promenade und Glöcklerstraße gute Geschäftsgrundstücke, vor allem auch für Hotels und das übrige Fremdenverkehrsgewerbe entstehen.

Das Gebiet zwischen Bahnhof, Wengengasse und Glöcklerstraße ist noch nicht endgültig geplant, aber in Angriff genommen. Hierüber können in Bälde Pläne vorgelegt werden.

Auch in anderen Teilen der Stadt gibt es noch manches zu klären. Unendlich viel Kleinarbeit steht noch bevor. Wir glauben aber, auf dem richtigen Weg zu sein, wenn wir der Ansicht huldigen, daß zuerst die großen Zusammenhänge geklärt werden müssen, um dann, wie es bisher schon in großen Teilen der Stadt geschehen ist, an die Lösung der Teilaufgaben in engster Fühlungnahme mit den beteiligten Grundbesitzern und ihren Architekten heranzugehen.

Es ist zu hoffen, daß unsere Stadt ein Gesicht erhält, das bei allem Wirklichkeitssinn und bei aller Rücksicht auf unsere Armut doch nicht Großzügigkeit und Weitsicht vermissen läßt, Eigenschaften, die das alte Ulm groß gemacht haben und für die unser Münster ein täglich mahnendes Zeugnis ist.

Die städtischen Gebäude

Die historischen Bauten als die letzten Zeugen des alten Ulm vor dem Verfall zu retten, ist eine Verpflichtung für den Wiederaufbau. Aber so lange Menschen noch in feuchten Kellerlöchern und regennassen Wohnungen hausen müssen und so lange die ungeheure Notlage die nackte Lebensexistenz so vieler gefährdet, konnte an die Wiederherstellung dieser Kulturdenkmäler nicht gedacht werden. Der Materialmangel zwang dazu, zunächst einmal mit einem Notdach zu retten, was noch zu retten war.

So muß sich auch das Rathaus mit einem behelfsmäßigen Dach begnügen, das ausreicht, um den Bau vor weiterer Zerstörung zu schützen. Trotzdem konnte es im Innern teilweise ausgebaut werden, um das Wohlfahrtsamt, das Standesamt, das Gewerbeamt und andere Beamtungen unterzubringen.

Auch das Schwörhaus wurde in seinem hinteren, zum Teil noch erhalten gebliebenen Teil mit einem Notdach versehen. Der "Neue Bau" wurde zum Teil wiederhergestellt und vor Witterungseinflüssen geschützt.

Der Reichenauer Hof, das frühere Gouvernementsgebäude am Grünen Hof, ist in seinem Südflügel wiederhergestellt und zum Jahresende 1947 vom Arbeitsamt bezogen worden. Die übrigen Teile dieses historischen Ulmer Bauwerks sind im Rohbau begriffen.

Sobald es die Baustofflage irgenwie erlaubt, müßte auch das Kornhaus wenigstens mit einem Dach versehen werden, um es als eines der schönsten mittelalterlichen Baudenkmäler unserer Stadt unbedingt zu erhalten.

An sonstigen wichtigen stadteigenen Gebäuden wäre das Stadtbad zu nennen, das im wesentlichen wieder ausgebaut ist und wieder in Betrieb genommen werden könnte, wenn genügend Kohlen zur Verfügung stehen würden.

Bei dem städtischen Gebäude Marktplatz 9, in dem das Wohnungsamt und andere Beamtungen untergebracht sind, wird der Südflügel zur Zeit wieder aufgebaut.

6 Marktplatztreiben wohl zur Zeit der "Ulmer Schwör- und Heimatwoche" August 1949. Der Rathaushauptbau von 1370 präsentiert sich noch unter einem Notdach über dem ausgebrannten 2. OG.

Krankenhausbauten

Der Pflege und Unterbringung der Kranken muß in einer Notzeit, wie wir sie heute erleben, in der durch Unterernährung, schlechte Wohnverhältnisse, ungenügende Beheizungsmöglichkeiten und mangelnde Bekleidung die Krankheitsanfälligkeit ständig im Steigen begriffen ist, ein besonderes Augenmerk geschenkt werden.

Trotzdem die Bettenzahl in allen städtischen Krankenhäusern fast doppelt so groß ist als vor dem Kriege, reicht diese kaum aus, so daß die Kranken oft wegen Raummangel viel zu früh entlassen werden müssen.

Das Städtische Hauptkrankenhaus am Safranberg war stark fliegerbeschädigt, sein Wäschereigebäude mit Kesselhaus völlig zerstört. Es ist jetzt beinahe wieder ganz hergestellt. Ein Teil des Hauptkrankenhauses ist für die IRO Beschlagnahmt.

Schon im Herbst 1945 entschloß sich die Stadtverwaltung, die stark fliegerbeschädigten Lazarettbauten am Michelsberg vor dem Verfall zu retten und als weiteres städtisches Krankenhaus auszubauen. Eines der stark beschädigten Gebäude wurde als Säuglingsklinik eingerichtet und bereits im Herbst 1946 bezogen. Die Säuglinge sind dort besser untergebracht als früher im ehemaligen Säuglingsheim hinter der Kienlesbergkaserne. Ein weiteres Gebäude kann demnächst der Benützung als Frauenklinik, wie sie Ulm bisher nicht besaß, zugeführt werden. Drei andere Gebäude sind erst zum Teil fertig. Sie sind für eine Tuberkulose- und eine Geschlechtskrankenabteilung, eine Hautabteilung sowie für eine Augen- und Ohrenstation bestimmt.

Die städtischen Krankenhäuser haben zur Zeit folgende Bettenzahl:

Hauptkrankenhaus am Safranberg	490
Säuglingsklinik am Michelsberg	115
Tuberkuloseabteilung am Michelsberg	85
Geschlechtskrankenabteilung am Michelsberg	75
Vorstadtkrankenhaus Söflingen	56
Vorortkrankenhaus Wiblingen	100
	921

Nach der Fertigstellung der ehemaligen Lazarettbauten am Michelsberg werden die städtischen Krankenhäuser ohne die Privatkliniken über rund 1200 Betten verfügen.

Schulen

Die Schulgebäude sind alle vollständig zerstört mit Ausnahme der Wagner- und der Friedrichsauschule, die beide schwer beschädigt und deshalb zunächst unbenützbar waren. Lange Zeit mußte der Unterricht in den Nebenräumen von Gaststätten abgehalten werden.

Mit unendlicher Mühe und unter großen Schwierigkeiten wurden behelfsmäßige Schulräume hergestellt, teilweise in umgebauten Wehrmachtsgebäuden auf der Wilhelmsburg, im Unteren Kuhberg, in der Pionierkaserne und im Lazarett am Michelsberg sowie in neu erstellten Baracken am Charlottenplatz untergebracht. In dem ehemaligen Offizierskasino am Unteren Kuhberg, das bei Kriegsende noch als Rohbau dastand, hat sich die Waldorfschule untergebracht.

- Fast alles Schulinventar mußte neu beschafft werden. Trotz aller Anstrengungen ist die Schulraumnot nicht weniger schlimm als die Wohnungsnot. Bei der großen Bedeutung des Schulwesens für die Erziehung und Ausbildung unserer heranwachsenden Jugend wird das Schulraumproblem für die Stadtverwaltung noch auf Jahre hinaus ein äußerst ernstes und schwieriges sein, denn an den Bau von neuen Schulgebäuden kann im Augenblick noch nicht gedacht werden.

	Schüler	Lehrkräfte		Schulräume	
12 Volksschulen	6331	118	(54)	67	(94)
2 Mittelschulen	752	22	(34)	14	(54)
4 Höhere Schulen	1765	72	(24)	37	(48)
5 Berufs- und Berufsfachschulen	3705	46	(80)	33	(116)
1 Hauswirtschaftl. Berufsschule	314	3	(104)	2	(157)
	12867	261	(49)	153	(85)

Die eingeklammerten Zahlen zeigen, auf wieviel Schüler eine Lehrkraft und ein Schulraum entfällt.

Der Ausbau der Verkehrswege

Die Straßen innerhalb der Stadt sind durch die Bombenschäden, den starken Fahrzeugverkehr, durch die Besatzungstruppen, vor allem mit schweren Panzern, stark mitgenommen. Dazuhin wurden während des Krieges nicht mehr die Reparaturarbeiten vorgenommen, die notwendig gewesen wären.

Für einen endgültigen, dauerhaften Ausbau der Hauptverkehrsstraßen ist kein Asphalt vorhanden. Auch Betonstraßen können bei der ungenügenden Zementversorgung selbstverständlich nicht gebaut werden. So bleibt nur die Reparatur mit Teer, die auf die Dauer gesehen sehr viel kostpieliger ist als ein dauerhafter Ausbau mit einer soliden Straßendecke. Aber selbst dieser Teer als Ersatzprodukt steht nur in sehr geringen Mengen zur Verfügung.

Trotzdem konnte das Straßennetz weitgehend in Ordnung gehalten werden, wenn es natürlich auch noch vieles zu wünschen übrig läßt.

Die Blaubeurer Straße als die Hauptausfallstraße ins Blautal und als Zufahrt zum Ulmer Hauptindustriegebiet konnte sogar völlig erneuert und verbreitert werden. Auch die Karlsstraße und die Bahnhofstraße wurden teilweise mit einer neuen Straßendecke versehen. Daneben wurde eine große Zahl von Teilstrecken in allen Stadtteilen neu gebaut.

Die Kanalisation hängt eng mit den Verkehrswegen zusammen. Sie hatte zum Teil schwere Schäden erlitten. Vor allem sind zu nennen die Einbrüche der Blaudole am Hauptbahnhof, in der Bahnhofstraße, in der Heimstraße, sowie in der Nagelstraße, die umfangreicher und schwieriger Reparaturarbeiten bedurften. Die gesamte Kanalisation ist heute wieder intakt.

Die kürzeste Verbindung zum Vorort Wiblingen über Neu-Ulm wurde mit einer Dauerbehelfsbrücke an Stelle der gesprengten Illerbrücke wiederhergestellt. Die Brücke konnte am 9. November 1946 dem Verkehr übergeben werden.

Auch die Donaubrücke im Zuge der Straße Ulm - Friedrichshafen im Donautal bei Wiblingen wurde mit einer breiteren Fahrbahn neu erstellt und am 27. Juni 1947 eröffnet.

Am 24. Mai 1947 hat der Gemeinderat den Bau einer neuen Donaubrücke an Stelle der früheren Herdbrücke zusammen mit der Stadt Neu-Ulm beschlossen. Die Arbeiten dazu sind inzwischen kräftig vorwärtsgegangen. Wenn keine unvorhergesehenen Schwierigkeiten in der Materialzuführung entstehen, ist damit zu rechnen, daß die neue Brücke bis Ende 1948 dem Verkehr übergeben werden kann. Wenn sie einmal in elegantem Bogen über die Donau schwingt, wird sie zweifellos als eine Meisterleistung der Brückenbaukunst beurteilt werden.

Die Stadtwerke

Bei der Straßenbahn mußten auf einigen Strecken die Schienen neu gelegt werden. Die Oberleitungen waren weitgehend zerstört und wurden zum großen Teil neu hergestellt.

Am 24. Mai 1947 wurde die Obuslinie vom EWU bis zum Bahnhof Neu-Ulm und am 15. Oktober 1947 die Teilstrecke vom Bahnhof Neu-Ulm bis zur Kreuzung Schiller- und Zinglerstraße eröffnet. Ulm hat damit als erste Stadt in Deutschland nach dem Kriege eine neue Obuslinie errichtet. Sie hat inzwischen manche Besichtigung durch Kommissionen anderer Städte erlebt. Mit der Fertigstellung und Betriebseröffnung der letzten Teilstrecke von der Ecke Schiller- und Zinglerstraße über den Hauptbahnhof durch die Neutorstraße zum Neuen Friedhof kann in einigen Monaten gerechnet werden.

Um den unzulänglichen Personenverkehr mit dem Vorort Wiblingen zu verbessern, wurde die Anschaffung von zwei Omnibussen beschlossen. Ulm verfügt heute über ein weit umfangreicheres Verkehrsnetz als vor dem Kriege.

Die Straßenbahn beförderte im Jahre 1947 21 Millionen Personen. Das ist das 3,7fache des letzten Friedensjahres 1938. Die Durchschnittssteigerung in der Bizone beträgt das Zweifache. Allein im Monat Dezember 1947, in dem der Obus über Neu-Ulm erstmals voll eingesetzt war, wurden nicht weniger als 2,1 Millionen Fahrgäste befördert, das sind täglich 70 000 Fahrgäste.

Vor allem ist es der ausgezeichnet arbeitenden Reparaturwerkstätte der Straßenbahn zu verdanken, daß immer genügend Wagen fahrbereit sind, um einen solchen Fahrgastandrang bewältigen zu können. Auch der Mangel an Fahrpersonal konnte oft nur mit Überstunden ausgeglichen werden.

Interessant ist auch die Gegenüberstellung mit anderen, etwa gleich großen Städten aus der Vergleichszeit vom 1. April 1947 bis 30. Juni 1947 (Bild 7).

	Beförderte Personen:	Wagenkilometer:
Würzburg	3,0 Millionen = 65%	205 000
Heilbronn	2,9 Millionen = 63%	259 000
Ulm	4,6 Millionen = 100%	364 000

7 Personenbeförderung

Die starken Schäden am Kabelnetz der Elektrizitätsversorgung wurden so gut wie vollständig behoben. Umfangreiche Arbeiten erforderte auch die Wiederherstellung der Straßenbeleuchtung. Es wurden dazu auch auswärtige Bautrupps eingesetzt. Zumindest die wichtigsten Straßen sind nachts wieder beleuchtet. Wo die Straßenbeleuchtung noch fehlt, ist dies zurückzuführen auf Materialmangel und vor allem auf den Mangel an Glühbirnen.

An der Umstellung der Alt- und der Neustadt von Gleichstrom auf Wechselstrom wurde unablässig gearbeitet. Von 7 Umformerstationen sind bereits 5 aufgestellt. Es kann heute schon jeder Wiederaufbau oder Neubau in diesen Stadtgebieten mit Wechselstrom versorgt werden.

Die Haushaltungen konnten von Stromabschaltungen ganz verschont bleiben. Der Stromverbrauch ist seit 1945 in einer ständigen Aufwärtsentwicklung begriffen. Er hat trotz der Kontingentierung des Strombezugs, insbesondere für die größeren Stromabnehmer, fast wieder die Höhe des Jahres 1936 erreicht, was auch auf eine günstige Entwicklung des Ulmer Wirtschaftslebens schließen läßt.

Die Eigenerzeugung an Strom war im abgelaufenen Jahr 1947 eine der niedrigsten seit vielen Jahren. Schuld daran ist die außerordentliche Trockenheit des letzten Jahres. Aber auch durch die Verschlammung der Speicherseen bei Oepfingen und durch das zeitweise Aussetzen von alten Maschinen ist im Laufe der Jahre allmählich eine Verschlechterung der Ausbeute eingetreten. Im Speichersee bei Oepfingen werden ständig Baggerarbeiten ausgeführt.

Das Elektrizitätswerk der Stadt Ulm hatte eine tagesdurchschnittliche Stromabgabe von

1936	1938	1945	1946	1947
kWh	kWh	kWh	kWh	kWh
125 000	146 000	74 000	107 000	120 000

eine Eigenerzeugung im ganzen Jahr von

50,5 Mill.   43,8 Mill.   32,8 Mill.   39,1 Mill.   27,4 Mill.

Die umfangreichen Schäden im Rohrleitungsnetz für die Gasversorgung wurden fast ganz behoben. Heute können sämtliche Stadtteile wieder mit Gas versorgt werden bis auf ein kleines Gebiet im Fischerviertel und ostwärts davon. Die Gasabgabe nähert sich bald dem Stand von 1938, obwohl die Stadt Neu-Ulm noch nicht wieder angeschlossen ist. Eine weitere Erhöhung der Gaserzeugung ist nicht möglich, selbst wenn genügend Kohlen vorhanden wären, weil sämtliche neun Kammeröfen unseres Gaswerkes veraltet und nur drei betriebsfähig sind. Es sind aber bereits neun moderne Kammer-öfen bestellt. Drei davon sollen bis Ende 1948 im Betrieb sein.

Beim Gaswerk betrug

	1938	1945	1946	1947
	cbm	cbm	cbm	cbm
die Gesamtjahreserzeugung (Bild 8):	7,5 Mill.	0	2,5 Mill.	5,9 Mill.
Die Gasabgabe betrug im letzten Kalendervierteljahr:	2,1 Mill.	0	1,2 Mill.	1,7 Mill.

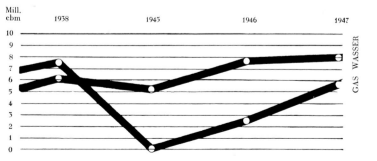

Die Wasserversorgung ist im ganzen Stadtgebiet wieder intakt. Der Wasserverbrauch des Jahres 1947 war bereits ein Drittel höher als im letzten Vorkriegsjahr (Bild 8).

Beim Wasserwerk betrug

	1938	1945	1946	1947
	cbm	cbm	cbm	cbm
die Wasserförderung:	6,1 Mill.	5,2 Mill.	7,9 Mill.	8,0 Mill.

Der Verbrauch von Strom, Gas und Wasser im Vergleich mit anderen etwa gleich großen Städten:

Verbrauch vom 1.4. bis 30.6.1947:

	Elektr. Energie kWh		Gas cbm		Wasser cbm	
Würzburg	5,7 Mill.	= 54%	2,2 Mill.	= 147%	2,0 Mill.	= 95%
Pforzheim	5,4 Mill.	= 51%	1,6 Mill.	= 106%	1,3 Mill.	= 62%
Heilbronn	6,6 Mill.	= 63%	1,3 Mill.	= 86%	1,2 Mill.	= 60%
Ulm	10,5 Mill.	= 100%	1,5 Mill.	= 100%	2,1 Mill.	= 100%

Wohlfahrtswesen

Das öffentliche Wohlfahrtswesen wurde nach dem Zusammenbruch wieder vollständig aufgebaut. Nachdem die Versorgungsämter durch die Militärregierung aufgehoben waren, mußten die öffentlichen Wohlfahrtsämter auch die Betreuung der Kriegsopfer übernehmen. Die Wohlfahrtsaufwendungen sind seit 1945 in ständigem Absinken begriffen, was im großen und ganzen auf die gute Beschäftigungsmöglichkeit zurückzuführen ist.

Ausgezahlte Wohlfahrtsunterstützungen:

1945	1946	1947
463 000 RM	436 000 RM	380 215 RM

Auch die Tätigkeit der caritativen und sonstigen freien Wohlfahrtsverbände bildet eine Entlastung des Wohlfahrtsamtes. Diese Verbände haben seit 1945 zunehmend ihre heilsame Tätigkeit entfaltet. Sie haben viel dazu beigetragen, die Not zu lindern und den notleidenden Menschen das Gefühl der Verlassenheit zu nehmen. Diesen Verbänden und ihren Schwesterorganisationen im Ausland verdanken wir die erste ausländische Hilfe. Allein die Verteilung ist ein Werk, das wesentlich zur Linderung der Not vieler Menschen beiträgt.

Die Hoover-Speisung für die Schulkinder bewahrt weitgehend unsere Jugend vor schweren gesundheitlichen Schäden. Sie ist zwar für den Schulbetrieb manchmal eine kleine Störung, wird aber im Interesse der ausgehungerten Kinder gerne in Kauf genommen. Täglich mußten durchschnittlich 8900 Kinder gespeist werden. Einige hundert freiwillige, fast durchweg ehrenamtliche Helferinnen besorgen täglich die Verteilung der Speisen. Das Opfer, das diese Frauen zum

Wohle unserer Kinder bringen, ist in einer Zeit, in der viele nur an sich selbst denken, ein besonders erfreuliches Zeichen. Dadurch sind auch in Ulm die Unkosten der Schülerspeisung am niedrigsten von ganz Württemberg-Baden. Dagegen werden hier die meisten Speisegeldnachlässe gewährt.

Nachdem das Altersheim wie auch das Kinderheim im Spitalhof am 17. Dezember 1944 zerstört waren, wurden die Insassen in alle Winde zerstreut.

Noch im Jahre 1945 wurden drei Altersheime in Herrlingen, in Bad Brandenburg und im Schloß Wiblingen eingerichtet. Unsere Altersheiminsassen sind heute besser untergebracht als vor dem Kriege.

Das ehemalige Kinderheim wurde zu einem städtischen Hospiz ausgebaut, um nach der Zerstörung aller Hotels und fast aller Gasthäuser wenigstens den dringendsten Bedürfnissen nach einer Übernachtungsmöglichkeit zu entsprechen. Ein Kinderheim, das gerade heute dringend notwendig ist, nachdem so viele Kinder ihre Eltern durch die Kriegsereignisse verloren haben, konnte vorläufig nur notdürftig im Klosterhof in Söflingen eingerichtet werden. Ein gesünderes und größeres Kinderheim ist im ehemaligen Säuglingsheim hinter der Kienlesbergkaserne geplant.

Das kulturelle Leben

Das kulturelle Leben unserer Stadt ist seit dem Zusammenbruch aufgeblüht wie kaum je zuvor. Bereits im September 1945 wurde in der Wagnerschulturnhalle ein Theaterraum für die Städtische Bühne eingerichtet. Ihre Leistungen stehen auf beachtlicher Höhe und finden allgemein Anerkennung. Durch das neugegründete Städtische Orchester erfuhr unser kulturelles Leben eine weitere wertvolle Bereicherung. Daneben bemühen sich private Vereinigungen in zahlreichen Veranstaltungen um die Pflege der Musik.

Seit fast zwei Jahren hat die Ulmer Volkshochschule ihre Arbeit entfaltet. Mancher Vortrag ist für die geistig interessierten Ulmer zu einem Ereignis geworden, wie es Ulm früher selten erlebt hat. Die Volkshochschule zählt zur Zeit 3100 ständige Hörer und ist mit einem Monatsbeitrag von 2 RM wohl auch eine der sozialsten Einrichtungen ihrer Art.

Auch die Städtische Volksbücherei findet bei dem allgemeinen Mangel an Büchern zahlreiche Benützer.

Die wertvollen Bestände des Städtischen Museums waren während des Krieges ausgelagert worden. Der größte Teil befand sich im Salzbergwerk Heilbronn. Wenig davon ging verloren, wurde beschädigt oder gestohlen. Nachdem die Museumsstücke wieder zurückgeholt und das Museumsgebäude instandgesetzt wurde, fand die Wiedereröffnung des Museums am 14.12.1947 statt.

Das kulturelle Leben leidet vor allem noch an der Raumnot. Es ist in Aussicht genommen, das Kornhaus als Vortrags- und Konzertsaal auszubauen.

Kirchliches Leben

Auch das kirchliche Leben hat sich neu entfaltet, und die äußere und innere Not unserer Tage hat in der Zusammenarbeit manche Brücke geschlagen.

Die Kirchen haben ebenfalls ihre schweren materiellen Sorgen mit dem Wiederaufbau ihrer Gebäude. Die Wiederherstellung des stark fliegergeschädigten Chors im Ulmer Münster, ebenso des Gemeindehauses in Söflingen durch die Evangelische Kirche schreitet vorwärts.

Mit dem Aufbau des Gemeindehauses in der Schaffnerstraße soll demnächst begonnen werden, und man hofft, auch dieses Jahr noch die Dreifaltigkeitskirche wenigstens wieder unter Dach zu bringen.

Die Katholische Kirche hat die Elisabethenkirche in der Söflinger Straße wieder so weit aufgebaut, daß der Bau vor der völligen Zerstörung bewahrt ist. Der Chor der zerstörten Wengenkirche wurde zu einer Notkirche ausgebaut, und das Marienheim in der Elisabethenstraße wächst wieder in die Höhe.

Dreizehn Kindergärten haben die beiden Kirchen für die noch nicht schulpflichtigen Kinder eingerichtet.

Auch die Neuapostolische Gemeinde hat ihr Gotteshaus in der Wagnerstraße wieder ausgebaut.

Sport

Weder die Sportverbände noch die Schulen hatten einen gedeckten Raum für ihre turnerische und sportliche Betätigung. Sämtliche Turnhallen, mit Ausnahme der Turnhalle in der Wagnerschule, die für die Städtische Bühne eingerichtet ist, sind zerstört.

In der Sedankaserne wurde inzwischen eine Sporthalle eingebaut. Dies ist natürlich völlig ungenügend, und sobald die Baustoffversorgung etwas flüssiger wird, müßte dafür gesorgt werden, daß unsere Jugend wieder hinreichend Gelegenheit hat, sich sportlich zu betätigen.

Denn gerade in Zeiten des sittlichen und moralischen Niedergangs vermag auch der Sport bildend zu wirken, ganz abgesehen von der körperlichen Gesunderhaltung.

Die Finanzlage der Stadt

Trotz der seit dem Zusammenbruch durchgeführten umfangreichen Aufbauarbeiten und trotz der vermehrten Verwaltungsarbeiten ist die Finanzlage der Stadt solid. Sowohl das Rechnungsjahr 1945 wie das Rechnungsjahr 1946 schlossen mit einem beträchtlichen Überschuß ab. Das gleiche ist für 1947 zu erwarten.

Der Stadt stehen Mittel zur Verfügung, aus denen sie Fliegergeschädigten zinslose Darlehen zum Wiederaufbau zerstörter oder beschädigter Wohngebäude und zur Wiederbeschaffung von Fahrnis geben kann.

Wirtschaft

Die wirtschaftliche Struktur Ulms mußte sich gegenüber früher verändern, sollte die alte, bedeutende Garnisonstadt nicht den Krebsgang gehen. Not- und Umbruchzeiten sind nicht nur Ursache des Aussterbens von manch Althergebrachtem und früher mühsam Erworbenem; sie bieten gleichzeitig auch eine außerordentliche Chance für eine neue Zukunft.

Schon im Sommer 1945 habe ich auf diese Chance hingewiesen. Damals stand die ausgebombte Ulmer Industrie vor sorgenvollen Entscheidungen. Sie leistete mehr oder weniger Aufräumungsarbeiten und hatte Monat für Monat beträchtliche Unterbilanzen. Deshalb fragte sich mancher, ob er nicht ein gefährliches Vabanquespiel treibe, wenn er weiterhin große Lohnsummen ausgebe auf die Gefahr hin, eines schönen Tages pleite zu sein zum eigenen Schaden und auch zum Schaden seines Stammpersonals.

Damals versammelte ich die Vertreter der Industrie um mich, besprach mit ihnen die momentanen Sorgen und die Zukunftsprobleme. Ich riet ihnen zu mutigem Wagen, indem ich auseinandersetzte, daß es später niemand bereuen werde, wenn er jetzt Opfer für seinen Betrieb bringe. Alle Teilnehmer jener Konferenz waren sich am Schluß einig, daß sie es wagen wollten, ihre Belegschaft voll zu beschäftigen, auch wenn sie dabei ihr Betriebsvermögen opfern müßten.

Die Ulmer Wirtschaft ist heute in der Lage, allen arbeitsfähigen und arbeitswilligen Ulmern Arbeit und damit die materielle Existenzgrundlage zu bieten. Darüber hinaus aber findet noch die Bevölkerung eines weiten Umkreises in Ulm Arbeit und Brot. Dadurch wird auch der Landkreis von Unterstützungslasten, insbesondere für die Flüchtlinge, entlastet.
Die Gesamtzahl der in Ulm beschäftigten Arbeiter, Angestellten und öffentlichen Beamten beträgt rund 25 000. Davon sind rund 8000 Pendelgänger, d.h. solche Arbeitnehmer, die ihren Wohnsitz nicht in Ulm, dem Ort ihrer Tätigkeit, haben. - Die Eisenbahn und eine große Zahl von Omnibussen bringen in der Frühe eine größere Anzahl Menschen zur Arbeit nach Ulm als vor dem Kriege (Bild 9).

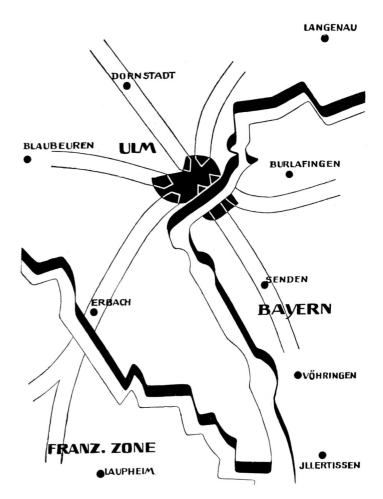

Nach den Ergebnissen der Volkszählung am 29.10.1946 betrug die Zahl der Erwerbspersonen:

	Insgesamt	Industrie u. Handwerk	Handel u. Verkehr	Öffentl. Dienst u. freie Berufe
Pforzheim	21 397	12 629	3892	2963
Heilbronn	26 051	11 985	5059	3513
Ulm	26 051	12 834	6574	4301

Die wirtschaftliche Aufwärtsentwicklung läßt sich am besten an der Steigerung der Löhne und Gehälter, des Produktionswertes und des Umsatzes erkennen:

	1946	1947
Summe der Löhne und Gehälter	14,1 Mill. RM	18,1 Mill. RM
Gesamtproduktionswert	38,1 Mill. RM	63,0 Mill. RM
Gesamtumsatz	51,1 Mill. RM	79,0 Mill. RM

In den Industriebetrieben stieg die Zahl der Beschäftigten von Januar 1946 bis November 1947 von 6279 auf 10 071, während die Zahl der Industriebetriebe von 88 auf 125 stieg.

Als Betriebe mit der größten Arbeitnehmerzahl sind zu nennen:

Magirus   2300 Arbeitnehmer
Telefunken   956   "
Käßbohrer   900   "
Wieland   736   "
(ohne das Vorwerk Vöhringen a.I.)
Eberhardt   592   "

Allein bei der Industrie ergibt eine Gegenüberstellung von Januar 1946 mit Oktober 1947 folgendes Bild:

	Januar 1946	Oktober 1947
Summe der Löhne und Gehälter	1,1 Mill. RM	1,8 Mill. RM
monatlicher Produktionswert	2,2 Mill. RM	6,1 Mill. RM
monatlicher Umsatz	2,8 Mill. RM	8,4 Mill. RM

Auch die Steigerung des Steueraufkommens beim Finanzamt Ulm bei gleichbleibenden Steuersätzen ist ein Spiegel der Fortentwicklung des Wirtschaftslebens:

	1946	1947
Gesamtsteueraufkommen	31,9 Mill. RM	38,9 Mill. RM

Von diesem Gesamtsteueraufkommen beim Finanzamt Ulm entfallen etwa 70% auf die Stadt und rund 24% auf den Landkreis.

Insbesondere haben die Lohnsteuer und die Umsatzsteuer eine außerordentliche Steigerung erfahren:

	1946	1947
Lohnsteuer	3,7 Mill. RM	5,3 Mill. RM
Umsatzsteuer	5,6 Mill. RM	7,5 Mill. RM

Schon auf Seite 17 ist auf den Verbrauch an elektrischer Energie und von Wasser sowie auf die Personenbeförderung durch die Städt. Straßenbahn hingewiesen. Der Gasverbrauch ist nur deshalb nicht in gleichem Maße gestiegen, weil durch die vorhandenen Erzeugungsanlagen nicht mehr hergestellt werden kann, während andererseits unsere Industrie einen viel höheren Bedarf hat. Alles in allem lassen die Zahlen der Versorgungsbetriebe untrügliche Rückschlüsse auf das ihrem Verbrauch oder ihrer Benützung zugrundeliegende Wirtschaftsvolumen unserer Stadt zu.

Von Einfluß auf die wirtschaftliche Kraft einer Stadt ist auch der Bestand an Kraftfahrzeugen. Von der Zahl der verfügbaren Lastkraftwagen hängt auch wesentlich die Intensität des Wiederaufbaus ab. Die Gegenüberstellung zeigt, daß in Ulm mehr Kraftfahrzeuge laufen als in anderen vergleichbaren Städten (Bild 10):

	Personenkraftwagen einschl. Omnibusse	Lastkraftwagen einschl. Zugmasch.	zusammen
Würzburg	658 = 92%	540 = 80%	1198
Pforzheim	493 = 68%	308 = 46%	801
Heilbronn	534 = 75%	574 = 86%	1108
Ulm	711 = 100%	669 = 100%	1380

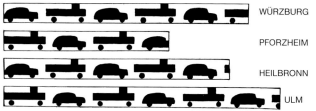

Der Postverkehr hat sich so entwickelt, daß die provisorische Unterbringung des Hauptpostamtes nicht mehr genügt. Mit dem Bau eines ersten Abschnitts des neuen Hauptpostamtes soll noch in diesem Jahr begonnen werden.

Die Teilnehmerzahl am öffentlichen Fernsprechverkehr läßt Rückschlüsse auf die Intensität des Wirtschaftslebens zu.

Ende 1947 betrug die Teilnehmerzahl am öffentlichen Fernsprechverkehr (Bild 11) in

München	24 000 = 40% der 60 000	Teilnehmer von 1939
Stuttgart	15 000 = 37% der 40 000	" " "
Heilbronn	840 = 21% der 4 000	" " "
Ulm	1 925 = 62% der 3 100	" " "

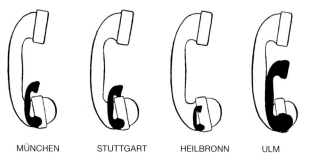

In Ulm sind außerdem 700 Fernsprechanschlüsse dringend angefordert, während es z.B. in dem zehnmal größeren München 1000 Anmeldungen sind.

Die städtische Telefonzentrale im Rathaus wird demnächst durch eine Wähleranlage ersetzt, wodurch der Telefonverkehr mit den städtischen Ämtern wesentlich verbessert und beschleunigt wird.

Es ist zu hoffen, daß das Ulmer Wirtschaftsvolumen sich weiterhin erhöhen wird, wenn der erwartete wirtschaftliche Anschluß der französischen Besatzungszone vollzogen und dann ein freier Verkehr und Güteraustausch mit Oberschwaben und dem oberen Donauland möglich ist. Ulm hätte damit wieder Zugang zu seinem natürlichen Hinterland, von dem es durch menschliche Willkür abgeschnitten ist.

Einwohnerbewegung

Hand in Hand mit dem fortschreitenden Wiederaufbau der Wohnungen und Arbeitsstätten und mit der Aufwärtsentwicklung des Wirtschaftslebens ist auch die Einwohnerzahl Ulms ständig im Wachsen begriffen.

Die Einwohnerzahl Ulms betrug

1939 bei der Volkszählung am 17. Mai (ohne Garnison mit 5500 Mann)	68 585
1945 nach dem Einmarsch der Amerikaner	28 500
1946 bei der Volkszählung am 29. Oktober (ohne 2430 Insassen der Durchgangslager und ohne ca. 7000 Ausländer)	58 087
1948 am Jahresanfang	rd. 64 000

Ulm ist im Begriff, die zweitgrößte Stadt Württembergs zu werden. Es hat Reutlingen, das durch zahlreiche Eingemeindungen vor zwei Jahren einen Vorsprung hatte, bereits stark überholt. Eßlingen, das als unbeschädigte Stadt durch Flüchtlingseinweisungen volkreicher wurde als Ulm, ist es im Begriff zu überholen. Mit anderen ausgebombten Städten verglichen, steht Ulm in seiner Einwohnerzahl dem Vorkriegsstand wieder am nächsten.

12 Trümmerabfuhr mit Pferdegespann vom Hof der Neu Ulmer "Zwölferkaserne" um daraus wieder Baumaterial zu gewinnen.

Bevölkerung am 17.5.1939		Okt. 1947	% der Bevölkerung von 1939
Würzburg	101 345	55 138	53,2%
Pforzheim	79 011	49 715	62,9%
Heilbronn	74 214	55 884	75,3%
Ulm	68 585	63 090	92,0%

Anträge auf Zuzugsgenehmigung lagen beim Wohnungsamt im Dezember 1947 vor von 3523 Familien mit 13 589 Personen, darunter allein von 9730 evakuierten Ulmern.

Berücksichtigt man die vielen Flüchtlinge, die in Ulm arbeiten, aber weit draußen in Bauerngemeinden mangelhaft wohnen und am Ort ihrer Arbeit leben möchten, so kann man vorausrechnen, daß unsere Stadt in absehbarer Zeit eine Bevölkerung von rund 80 000 Menschen beherbergen wird.

Nachdem 1945 die Zahl der Sterbefälle die der Geburten überstieg, hatte Ulm in den folgenden Jahren wieder einen Geburtenüberschuß.

Beim Standesamt wurden gemeldet (nur deutsche Bevölkerung)

	1947	1946	1945	1938
Geburten	937 (15,1)	923 (15,9)	521	1357 (20,1)
Sterbefälle	561 (9,0)	637 (10,9)	709	798 (11,6)
Eheschließungen	570 (9,2)	518 (8,9)	314	860 (12,7)

(Ziffern in Klammern: auf 1000 Einwohner)

Überblick

Wenn wir abschließend diesen bewußt nüchternen und sachlichen Bericht überblicken, so können wir an Hand des amtlichen Zahlenmaterials feststellen, daß Ulm in seinem Aufbau an der Spitze aller ausgebombten Städte Süddeutschlands von vergleichbarer Größe steht.

Bis 1939 war Ulm - abgesehen von seiner Eigenschaft als Garnisonstadt - der Benjamin unter den mittelgroßen Städten Süddeutschlands. Seit 1945 hat unsere Stadt eine Reihe der noch 1939 vor ihr rangierenden Städte überflügelt, dies nicht nur hinsichtlich der Bevölkerungszahl, sondern auch im Vergleich mit den Beschäftigten, den Bauarbeitern, der Steigerung der Warenproduktion und des Güterumschlags oder nach irgendwelchen anderen objektiven Merkmalen, die wir zum Vergleich heranziehen können.

Diese Erfolge wären nicht zu erringen gewesen ohne den Fleiß, die Ausdauer und die Zielstrebigkeit der Ulmer Bürger. Sie haben sich angesichts der Trümmerhaufen nicht entmutigen lassen, sondern sich mit Herz, Kopf und Hand dem Aufbau ihrer Stadt und ihres wirtschaftlichen und sozialen Gefüges gewidmet.

Aber auch die Stadtverwaltung kann doch nicht so energielos, motorlos und ohne Initiative gewesen sein, als einige Kritiker seit 1945 immer wieder betonen und durch die Presse fast in ganz Deutschland verbreiten. Die vorliegenden guten Ergebnisse sind nicht auf Zufall zurückzuführen, so wenig wie auf ein Wunder. Es ist vielmehr die Frucht einer seit 1945 planmäßig verfolgten Aufbaupolitik, die von Anfang an die nach dem Zusammenbruch gegebene besondere Chance erkannte und die sich bietenden Möglichkeiten nützte.

Ich habe dabei als Leiter dieser Stadtverwaltung weder nach irgend einer politischen oder weltanschaulichen Doktrin gehandelt, noch danach getrachtet, bei irgend einer Klasse, Konfession oder Partei Sympathien zu erwerben. Ich fühlte mich stets verpflichtet, das zu tun, was ich nach gewissenhafter und gründlicher Prüfung der Verhältnisse und Möglichkeiten für das Richtige erkannt habe zum Wohle der Allgemeinheit.

Manche, die so gerne den energischen Mann fordern, sehen in einer rücksichtslosen Art des Sichdurchsetzens Ausfluß von Energie. Ich habe aber der Rücksichtslosigkeit und der Politik des kalten Herzens eine Politik der sanften Hand vorgezogen. Daß auch diese Art des Handelns nicht erfolglos zu sein braucht und vielleicht sogar mehr erreicht als ein gewalttätiges Durchgreifen, das zeigen die sichtbaren und berechenbaren Ergebnisse einer zweieinhalbjährigen Aufbauarbeit in Ulm.

Ich war allerdings während des Dritten Reiches nicht nur ein "Anti". Ich war auch für etwas. Ich war dafür, daß nach dem drakonischen Regiment des Hitlerismus ein Geist der Freiheit, der Toleranz und der versöhnenden Nächstenliebe bei uns aufkommen müsse, kurz gesagt: Das gerade Gegenteil des Dritten Reiches.

Aber für mich bedeutet Demokratie nicht Wirrwarr oder Schlendrian und Freiheit nicht Zügellosigkeit. Die Weimarer Republik ist nicht gescheitert an zu wenig demokratischer Bewegungsmöglichkeit oder an zu wenig Freiheit, sondern daran, daß unser Volk seine Freiheit nicht zu gebrauchen wußte.

Man hat allerdings den Eindruck, daß viele daraus nichts gelernt haben, daß sie auch heute wieder sich von der berauschenden Rede Fluß mehr beeindrucken lassen als von nüchternen Tatsachen, daß eine äußere Betriebsamkeit und Aktivität, ob sie sinnvoll ist oder nicht, mehr imponiert als stille, sachliche, aber zielbewußte Arbeit. Auch heute lassen sich viele wieder in ihrem Urteil von Gefühlen und äußerem Schein beeinflussen. Wenn aber der Einzelne als der verantwortliche Träger der Demokratie nicht lernt, selbständig zu denken und unvoreingenommen die Tatsachen zu erkenen und zu beurteilen, ist jede Demokratie von vornherein zum Scheitern verurteilt.

So möge auch diese Schrift in ihrer Sachlichkeit und mit ihrem Zahlenmaterial dazu beitragen, daß jeder prüfe, was geleistet worden ist, um sich daraus sein Urteil zu bilden.

Das bisher Geleistete wird jedoch überschattet von der Not des Wohnungselends und des Hungers, und mancher vermag unter der Bedrückung der täglichen Sorgen nicht mehr zu unterscheiden, wo die Ursachen dieses Elends begründet sind, und ist nur zu leicht bereit, seinen Unwillen und alle Schuld auf jene abzuladen, die nach geschehenem Unglück die undankbare Aufgabe auf sich genommen haben, den Karren wieder aus dem Dreck zu ziehen. Schuld an unserer Lage sind aber jene, die ihn hineinkutschiert haben. Nur darum kann es also gehen, zu prüfen, ob alles getan worden ist, was getan werden konnte, um wieder festen Grund zu gewinnen.

Wenn wir jedoch überblicken, was aus einem völligen Chaos heraus unter den schwierigsten Bedingungen an Aufbauarbeit bisher geleistet wurde, dürfen wir zuversichtlich für die weitere Zukunft hoffen.

(Der Text von Robert Scholl erschien 1948 in der Broschüre „Zusammenbruch und Wiedergeburt einer Stadt". Die graphischen Darstellungen sind derselben Broschüre entnommen.)

13 Auch die Herdbrücke wurde beim Rückzug durch die Wehrmacht gesprengt. So bestand bis zu deren Wiederaufbau hilfsweise eine Fährverbindung um die Westspitze der Insel herum zur Neu Ulmer Sandstraße.

Hellmut Pflüger

Ulm zur Zeit des Wiederaufbaus

14 Diagonaler Blick vom Bahnhofsteg nach Nordost über den Bahnhofplatz um 1946/47.

14: Anstelle der zu Beginn des Jahres 1945 endgültig bombenzerstörten Ruine des Bahnhofempfangsgebäudes ist ganz links (am 23.10.1946) unter Verwendung gemahlener Backsteine des "Russischen Hofs" eine gemauerte Bahnhofsbaracke entstanden.

Ganz rechts bildet die Ruine des Hotels "Russischer Hof" (erbaut 1854, erhöht und neufassadiert 1910/11) noch die Südwand des rechteckig gefassten Bahnhofplatzes (Lage etwas nördlich der heutigen Einmündung der Bahnhofstraße).

Auf dem freien alten Bahnhofplatz war gleich nach Kriegsende die abgebildete hölzerne Behelfsbaracke für die Christliche Bahnhofshilfe entstanden. Allein in weiter Schuttwüste gelegen betreute man hier z. B. vom Mai 1945 bis August 1946 täglich 2 - 3000 Durchreisende. Die US-Besatzung hatte im August 1946 ein Schild mit der Aufschrift "No loitering about - Keine Herumlungern" an der Baracke anbringen lassen.

Den Hintergrund bildet links das völlig zerstörte Vordergebäude der Hauptpost. Beherrscht wird das Bild (Bildmitte hinten) von der Ruine des 1905 von Richard Dollinger in Neurenaissanceformen erbauten Hauses Fischer. Es stand östlich der, 1952/55 durch das neue Hauptpostamt überbauten, einstigen Uhlandstraße und wurde um 1951 (Bild 17) abgebrochen.

15: Die Drähte der am 24.5.1947 eröffneten Obus- (Oberleitungsbus) Linie sind oben zu erkennen. Der erste Eindruck von Ulm für den Bahnreisenden.

Nach rechts zweigt die Sedelhofgasse ab (dem Betrachter gegenüber heute Haus Olgastraße 62 mit Restaurants). Zwischen den beiden Bäumen die einstige reichsstadtzeitliche Kelter (Keltergasse 21, heute Lokal "La Cave"). Rechts davon die Ruine der 1885 erbauten Sedelhofschule an der Nordseite der gleichnamigen Gasse. Durch diese geht der Durchblick rechts in die Ferne auf das 1948 wiederausgebaute Kaufhaus Müller & Co, Hirschstraße. Diesen Durchblick rahmt rechts die Ruine des "ersten Hochhauses" in der Altstadt, 1929 anstelle eines eingestürzten Hauses erbaut, ein. Davor der auch noch 1995 bestehende (allerdings anders genutzte) eingeschossige Behelfsladenbau der Gärtnerei Vogt.

15 Westende der Olgastraße um 1948.

16 Taxen warten auf Fahrgäste im Schatten der Ruine des "Russischen Hofs".

17 Das vormalige Haus ("Palais") Fischer wird gesprengt.

16: Blick von der Südwestecke des noch kleinen alten Bahnhofplatzes auf das Haus Fischer in der Olgastraße (Bild 14). Rechts davon ist auf der Bahnhofplatz-Ostseite der im März 1947 eröffnete eingeschossige Behelfsbau der "Bahnhofhotel-Gaststätte", auf alten Fundamenten erstellt (ehemals Bahnhofhotel Berloger), dazugekommen. Die heutige neue Ostseitenbebauung des Platzes ist fluchtzurückgesetzt.

An der elektrischen Straßenbahn (aus luftkriegsentronnenen Restbeständen) fällt die Ausstattung mit dem neuartigen Scherenstromabnehmerbügel auf. Neu ist auch der Creme-Anstrich mit graugrünen Zierlinien (statt bisher weiß mit hellblauem Brüstungsfeld zwischen den Türen).

17: Das Haus mußte Platz machen für den Bau des neuen Hauptpostamtes. Hier ist soeben die Südfront zur Olgastraße hin zusammengefallen.

Im Bildvordergrund ist die vormalige Standfläche eines kriegszerstörten Wohnblocks entschuttet. Rechts davon ein Stück der Turnhalle, die zur Sedelhofschule (Bild 15) gehörte, eines etwa dem Gymnasium (Bild 110) ähnlichen Bauwerks.

18: Von der Bahnhofstraße ausgehend überwand hinter der Glöcklergrabenstadtmauer die Gasse Glöcklergraben einen sanften Höhenrücken zwischen den beiden Blauarmen, der sich östlich ins Deutschhausgelände verlor. Die Ostseite der Glöcklergraben-Gasse begleitete die westliche Einfriedungsmauer des Deutschhausareals. Durch ein Pförtchen in dieser Mauer sieht man hier die Trümmer des Kaplaneigebäudes des Deutschhauses, das vom schloßartigen großen Deutschhaus westlich abgerückt stand.

Die geographischen Verhältnisse haben sich beim Wiederaufbau gänzlich verändert, denn anstelle des Anstiegs südlich der Bahnhofstraße trat unter Wegbaggerung des Hügels die aus der Bahnhofstraße heute abwärtsführende Einfahrt hinter dem Eckhaus "Ulmer Diagonale".

18 Blick über die Trümmer eingestürzter Teile des Deutschhauses um 1948/49.

19 Blick von der Glöcklergraben-Stadtmauer über die Bahnhofstraße um 1948.

19: Ganz vorn die westliche Einfriedungsmauer des Deutschhausareals längs der Ostseite der Glöcklergraben-Gasse sowie die Trümmer des 1698 erbauten Kaplaneigebäudes. Rechts der Bahnhofstraße die Nordwestseitenfassade des nur ausgebrannten Deutschhauses.

Zwischen diesen Trümmern und der Deutschhausfassade hinten erhebt sich die Ruine des 1930 eingerichteten Mercedes-Benz-Ausstellungs-Pavillons (UBC 2, 576). Vorne links die Reste seines - auch damals modischen - Rundbaus.

Links des Deutschhauses die Westfront des 1894 bis 1896 von Prof. Walter (Stuttgart) erbauten historistischen Saalbaus gegen die heutige Mühlengasse (heute Peek & Cloppenburg). Westlich davon entstand 1952 (UBC 6, 157) das damals top-moderne Capitol-Kino ("Dampfnudel").

Links des Saalbaus im Hintergrund die Ruine des Wengenpfarrhauses und die Westfassade der Wengenkirche.

20 Ruine des
Deutschordenshauses.
Skizze von Hellmut Pflüger.

21 Reste eines
Schmuckgiebels im Saal
des Deutschordenshauses.

20-21: In den Jahren 1719 bis 1724 entstand das schloßartige Deutschordenshaus des Deutschordens-Baumeisters Franz Keller neu. Es wurde 1226 noch außerhalb der Mauern der staufischen Marktstadt gegründet und 1316 in die Stadterweiterung einbezogen.

Vom Ulmer Deutschhaus blieben am 17.12.1944 die stabilen, intakten Außenwände mit dem ganzen architektonischen Schmuck erhalten. Im Winter 1948 wurde ein Großteil der hofseitigen Wände abgebrochen.

Die Zeichnung des Verfassers (Bild 20) von 1949 zeigt die davon erhaltene Hauptfront an der Bahnhofstraße. Vom die zwei Obergeschosse des quadratischen Mittelrisalits umfassenden Festsaal war bis Januar 1950 noch fast der ganze Stuckzierat der Innenwände erhalten. Davon zeigt das Bild 21 einen mittleren Fensterschmuckgiebel.

22 Blick über die Kreuzung Neutor-/Olgastraße nach Südost.

22: Hinter der Stadtmauer am Neuen Graben, auf der die Grabenhäuser zerstört sind, ist der östliche Teil des Neutorhospizes (heute Hotel Neuthor) wiederaufgebaut. In der rechten Bildhälfte sieht man die Ruine des Hauses Neutorstraße 2, das im Jahre 1862 östlich der Stelle des zwei Jahre zuvor abgebrochenen Neutor-Turmes nach Plänen der Werkmeister Reyhle und Böhringer erbaut wurde. Es wies ursprünglich im Stil der Epoche viele zweifarbige Backsteinglieder auf (Pilaster, Fensterbogen). Zuletzt beherbergte es das Autohaus Hanser und Leiber. Heute liegt hier als Stadtmauerverlängerung ein Parkplatz.

23: Ganz links ist der Wiederaufbau von Häusern an der Südseite der Dreiköniggasse im Gang (Gegenblick: UTrü 137). Rechts davon ein Durchblick zur Platzgasse (Haus Lebensmittel-Groß). Längs der Dreikönig- und Sterngasse laufen die Gleise der Trümmerentschuttungsbahn und an der Ecke Ulmer Gasse steht zu ihrer Beladung ein Bagger. Rechts daneben ist das bereits wieder aufgebaute Haus Pfauengasse 16 (Ruine: UTrü 36, 45, 137) zu sehen.

Die große Ruine rechts im Vordergrund (Sterngasse 11), ein gründerzeitlicher Neubau am Platze der bereits 1624 und bis 1919 bestehenden gassennamen-gebenden Wirtschaft "Zum Stern".

23 Trümmer längs der Sterngasse um 1948/49.

24: Vor dem Münster die Ruinen der Hirschstraßen-Nordseite. Hinter der Abzweigung der Ulmer Gasse gegen diese die sechsfenstrige Rückgebäude-Seitenfront der schon 1615 erwähnten Gaststätte "zur Stadt" an der Hirschstraße. Die Grube rechts davon ist der durch die "autogerechte" bedeutende nordwärtige Hirschstraßenverbreiterung entstandene, entschuttete Flächenrest eines Eckhauses. Links oben schaut die Südwand des ehemaligen Brauhauses der "Stadt" herein. Anstelle dieses Gebäudeensembles entstand 1951 das Kaufhaus Woolworth.

Weiter östlich taucht ein wiederaufgebauter schmaler Hoftrakt des Hauses Hirschstraße 12 (Falschebner) auf (UTrü 160).

Rechts erkennt man das 1912 von Eisenlohr & Pfennig (Stuttgart) erbaute (Jugendstil)-Textilhaus Müller & Co (heute Hertie). Als Eisenbetonbau war es nur ausgebrannt. Bereits wieder überdacht und ausgebaut konnte der Bau im Oktober 1948 als Textilhaus sowie als "Kaufhof" für zahlreiche ausgebombte Geschäfte wiedereröffnet werden. Seine schönen Natursteinfassaden hatten durch Brandabsprengung gelitten. Auf mehreren Fotos wandert das Gerüst für die abschnittweise Auswechselung gegen exaktgeformte neue Quader im alten Detail.

24 Blick durch die
Hirschstraße, wohl 1948.

25: Links im Hintergrund die Südfront der Wengenkirche (Bild 39). Ihr Chor wurde am 10.8.1946 als Notkirche geweiht und überdacht. Vor dem Kirchenschiff die Ruine des nördlichen Hoftraktes Hirschstraße 26 mit einem von drei Arkadenbogen links und Ostgiebel rechts. Dieser markiert die Mitte der südlich der Hirschstraße davor stehenden Ruine der Hirsch-Apotheke.

Über dem schuttabgeräumten Grundstück des "Jungen Hasen", rechts der Ulmer Gasse die Ruine der ehemaligen Brauerei "Stadt". Rechts ihres Westgiebels ist das neue Dach des hohen "Neutorhospizes" zu erkennen. Der rechte Teil dieses Brauhauses wird dagegen verdeckt durch die notdachgedeckte Ruine Hirschstraße 17 (erbaut 1936).

Zu erkennen sind noch rechts des "Stadt"-Brauhauses bis heute bestehende sehr frühe Wiederaufbau-Häuser im Blockinneren (UTrü 134, 160), auf der Fläche und vielleicht mit Übernahme von Bauresten des einstigen Kinos "Centraltheater" errichtet.

25 Querblick über die Ruinen der Lautengasse um 1946/47.

26: Die Straßenbahnlinie von Söflingen überquert die Brücke und biegt nach rechts aufwärts in die Hirschstraße ein. Ganz rechts am Gehsteig steht noch ein winziger Abschnitt vom verzierten gußeisernen Brückengeländer aus der Mitte des 19. Jahrhunderts. Dieses war sehr lang ausgezogen, denn zwischen der Brückenauffahrt und den sie im Abstand begleitenden Häusern Petermann und Haegele (Ruinen) lief, hier trümmerverschüttet, eine Abgangsschräge zur Blau hinab (wie heute noch beim Schiefen Haus oder gegenüber "Wilder Mann").

Im Hintergrund liegen die Ruinen der Hirschstraßen-Nordseite. Beginnend über der Straßenbahnkurve, und sich mit weiß verschneiter Trauflinie nach links hinziehend, zeigen sich die Reste des ehem. Schad'schen Hauses (heute Ostteil der Kaufhalle) (Pfl I, 5, 17; Wart 9). Vom Vorderhaus steht mit beschneiter Mauerkrone noch das 1. OG, darüber noch ein Pfeiler des 2. OG der hofseitigen Wand (UTrü 52). Darüber ragt inmitten der Ostgiebel des Rückgebäudes empor und rechts davon, sich abtreppend und schrägend, die Reste der hohen Hinterwand des ostseitigen Hoftrakts.

In der rechten Bildhälfte ragen die Braukamine des ehemaligen Brauhaus "Stadt" in den Himmel.

26 Blick von Süd, Steinerne Brücke, auf das westliche Ende der Hirschstraßen-Nordseite um 1946.

27 Ruine des Schad'schen Hauses.

28 Einblick in das Schad'sche Rückgebäude gegen Ost.

29 Schad'sches Haus. Gewölbe der Hofnordseiten-Arkade.

31 Erdgeschoßarkaden des Schad'schen Rückgebäudes.

30 Ruine des Schad'schen Rückgebäudes, Obergeschoß, in Richtung Ost.

27: Vorderhaus und Hof-Seitenflügel sind völlig zerstört, der Blick auf die Ruine des Rückgebäudes ist frei. Das stattliche Großbürgerhaus wurde von 1599 bis 1602 durch den Handelsmann Christof Meidelin erbaut, dieser mußte es jedoch bereits 1616 an den Patrizier Hans Schad verkaufen.

Die überlegt in Mittelachsrichtung erfolgte Aufnahme zeigt die erhaltenen Erdgeschoßbogen der Hof-Nordseite, die von dem geschlossenen Kern der Hofseitenflügel korrekt gefasst werden. Über dem Bogen ganz links erkennt man den Brüstungsmauerdurchbruch für die den Seitenflügeln später - wohl 1622 - vorgehängten, daher in die Dreibogenstellung stark eingreifenden Holzloggien. Über den Erdgeschoßarkadenbogen noch die zum dahintergelegenen Saal vermittelnde Rückwand der , wie das EG, gewölbten OG-Loggia.

Ganz vorn in den Trümmerberg des Vorderhauses hat der Fotograf Albert Bartenschlag Raum für seinen in Aufmauerung begriffenen Behelfsladen eingeschnitten. Im Hintergrund bildmittig der Wengenkirchen-Turm.

28: Im Giebel die profilierten Dachstuhlauflager-Kragsteine und raumvermehrenden, wie materialsparenden Nischenvertiefungen. Den 1. Stock nahm der Saal ein, rechts begleitet von der Tür- und Fensterwand gegen den flachgewölbten Arkadenflur. Ganz unten die Gewölbeansätze der Erdgeschoßhalle von 2 mal 3 Jochen, einst auf zwei Bündelpfeilern.

Im Zerfall stellte sich der stabilere Hinterhausostgiebel von der offensichtlich minder stabilen, neueren von rechts kommenden Pultdach-Rückwand aus Seitenflügel wieder frei.

29: Das in Bild 31 besprochene ulm-typische Detail der breiten Kantenabrundung der toskanischen Pfeiler findet hier seine Parallele auch links am Lauf des Durchfahrtbogens in die eingestürzte EG-Gewölbehalle des Rückgebäudes.

31: Für die Ulmische Renaissance typisch waren die aus verputztem Backstein erbauten, vierkantigen Säulen mit breiter Kantenabrundung. Über dem Bogen ist die Putzquaderzeichnung, um den Bogensaum gestaffelt, von späterer Überputzung (Pfl I, 17) nebst in der Mitte gelegenem, wahrscheinlich Schriftfeld, wieder freigewittert.

32: Im Vordergrund der entstehende Behelfsbau von Foto-Bartenschlag. Links das heute mit Schuh-Böhmer überbaute Dreieckplätzchen zwischen der damaligen Gabelung von Hirschstraße und der heute als Sackgasse endenden Lautengasse. Dieses Plätzchen war einst Standort der als Treff beliebten "Persiluhr" (Normal-uhr), während auf dem Bild ein Behelfslädchen zu sehen ist.

Rechts der Bildmitte führt die Steinerne Brücke (als "leistungsfähige Autospange" später stark verbreitert, heute nicht mehr befahr-, sodern nur noch begeh- oder sitzbar) hinüber zur hinten nach rechts weggehenden alten Glöcklerstraße (heute Neue Straße).

Rechts der Brückenzufahrt die Ruine des alten Langmühlebaus (1905/08; der heutige Bau entstand 1951). Die stattliche Ruine auf der gegenüberliegenden Seite beherbergte die alte "Eich", die rückwärts unmittelbar an der Blau stand (Pfl I, 32, 33). Die niederen Trümmer direkt hinter der Behelfsbude sind die Reste des ehemaligen Café Staudenmaier. Rechts davon sieht man die Trümmer des Hauses Hirschstraße 35 (Gummi-Petermann) vorn und Glöcklerstr. 1 (Bilder-Haegele), hinten. Zu letzterem Haus führt die abgebildete Freitreppe hinauf und über die hier verschüttete Blauabgangsrampe zwischen Brückenauffahrt und Haus hinweg. Die besonnte Westfront entspricht heute etwa der von Landesgirokasse und Café Bonnet.

Im Hintergrund, dort wo die Glöcklerstraße nach rechts abbiegt, mit Bogen die Nr. 9 (1903/04 erbaut), links gefolgt von der sich nach links längs der damaligen Schwilmengasse weit ausdehnenden Ruine des früheren Hotels "Baumstark", dessen Vorderteil heute mitten auf der Kreuzung Neue Straße/Schwilmengasse/Glöcklerstraße stünde.

32 Blick aus der Ruine des Schad'schen Hauses gegen Süd um 1947

33 Blick vom Nordgehsteig Hirschstraße zwischen Wengen- und Ulmer Gasse gegen Ost um 1947/48.

34 Hirschstraße in Richtung Ost 1948.

33: Auf der Straßennordseite ist die straßenverbreiternde Entschuttung im Gang, wie sie in Bild 24 ausgeführt zu sehen ist. Oberhalb des Ruinenteils der "Stadt", das hier in ausgebrannten Wänden wiederaufgebaute, bis heute erhaltene Rückgebäude östlich längs der Falschebner-Passage Hirschstraße 12. Links der Münsterturmfront eine Treppenhaus-Hinterfront eines der hohen Jahrhundertwende-Häuser des westlichen Münsterplatzes.

Rechts, auf der Südseite der Hirschstraße, von hinten nach vorn, das wiederausgebaute Haus Müller & Co, dann, nur erdgeschoßhoch erhalten, die Ruine des ehemaligen Bekleidungshauses Mohr, gefolgt von der Ruine des Haus Nr. 17 (Bild 25) und nach einer Entschuttungslücke diejenige der Hirschapotheke. Das 1785 erbaute Haus (1898 von Architekt P. Kienzle umgebaut und u. a. mit Medaillonbildern ausgeschmückt: Pfl II, 35; I, 5) wurde später am alten Platz wieder aufgebaut, jedoch der hier noch vorhandene uralte westliche Vorplatz 1950 mit dem heutigen Haus Schuh-Böhmer zugebaut (Bild 36 uff.).

34: In diesem Jahr entstand ganz links an der nordwestlichen Ecke zur Wengengasse der Behelfsbau der Wengendrogerie. Östlich der Abzweigung folgt nach entschuttetem Eckgrundstück des Hotels "Blanken" und eines weiteren Grundstücks der Behelfsbau von Foto-Bartenschlag (Bilder 27, 32). Weit im Hintergrund ist der Voll-Wiederaufbau der zerstörten Geschäftshäuser Falschebner und Laumayer im Gang.

Auf der rechten Seite folgt von hinten auf Müller & Co. die vorerst einmal zweigeschossige, alte Teilsubstanz verwendende Wiederaufbau-Etappe des Bekleidungshaus Mohr sowie die im Rohbau ein Stockwerk höher wiederaufgebauten Häuser Nr. 15 und 17 und abschließend die Ruine der Hirsch-Apotheke.

35: Links die Ruine Nr. 5 (heute Kornbeck). Wie in noch vielen Fällen mußte für eine Behelfsladenhütte im Trümmerberg des zerstörten Hauses ein Einschnitt ausgehoben werden.

Rechts davon ist das dank moderner Betonkonstruktion nur ausgebrannte Jugendstilgebäude Müller & Co. wieder unter Dach und großteils wiederausgebaut. Zeigen rechts die Fenster gegen die Hirschstraße noch die Natursteinabsprengungen der Fensterkanten vom Brande, so sind links zur Eichelesgasse diese Schäden durch Einfügung neuer Haussteine bereits behoben. Von den bemerkenswerten flach polygonal vortetenden Fenstern war Gerippe und kupfergetriebene ornamentale Brüstung des 2. OG erhalten und wiederverwendbar geblieben.

36: Im Vordergrund beiderseits die abgeräumten Grundstücke, links des Saalbaus (heute Peek & Cloppenburg), rechts der im Januar 1950 endgültig abgetragenen Deutschhausruine (Bilder 19, 20; heute Horten). Daran folgt Ecke Deutschhausgasse das um 1910 von der Stadt in ans Kornhaus anknüpfenden Renaissanceformen erbaute, 1911 in Privathände gekommene Haus Bahnhofstr. 3. Seit den 20er Jahren war darin das Café Lünert untergebracht. Unter Kappung des Giebels (UTrü 89, 90) wurde es zum gleichen Zweck wieder aufgebaut und, nun auch Hotel, um die Jahreswende 1947/48 wiedereröffnet. Bis in Gegenwart wurde das Gebäude vielfach verändert (heute Bäckerei Kässmaier und Sport-Sohn).

Gegen die Steinerne Brücke folgt der 1951 erstellte neue Langmühlebau. Im Bild zeigt sich das Äußere der Obergeschosse noch im Rohbauzustand mit Bautafeln. Gegenüber steht das Behelfslädchen für Tabakwaren auf der vorspringenden Ecke des Saalbaugründstücks. Mit stark zurückgerückter Flucht folgt gleich östlich der zweigeschossige Behelfsbau des Modehauses Walz, zu dem auch das in erhaltenen Umfassungswänden wiederaufbaubare Hinterhaus der Jahrhundertwende links davon gehört. Über den niederen Walz-Verbindungsbau blickt vom Ostende der Hirschstraße herüber der reklamebemalte westliche Brandmauergiebel des um 1949 erbauten Bekleidungshauses Stückle an der Westecke Ulmergasse.

Auf der Südseite der Hirschstraße unterhalb von Müller & Co. sind das wiederaufgebaute Haus Hirschstraße 17 (Bild 33), die Baulücke Nr. 19, die wiederaufgebaute Hirsch-Apotheke und (über Walz) das 1950 erbaute, sechsgeschossige, flachgedeckte damalige Gaißmaier-Haus zu erkennen. Rechts davon lugt noch durchs Zerstörungsvakuum die Südwestecke Neuer Bau, die Steuerhausruine Weinhof und der Nordgiebel Kronengasse 1 durch.

35 Hirschstraßen-Südseite beiderseits der Eichelesgasse um 1947/48.

36 Blick durch die Bahnhofstraße auf Höhe Mühlengasse zur Hirschstraße, etwa Spätjahr 1951.

37: Der Blick führt aus dem Innenhof der abgeräumten Deutschhaus-Ruine über deren Grundmauern hinweg. Links die lange, vorwärtsgebrochene Straßenfront von Walz. Gegenüber des Bildes 36 öffnet sich der Blick in die Hirschstraße und auf deren Südzeile. Der Durchblickspalt rechts zwischen Lünert-Erker und Gaißmaier-Bau wurde bald darauf durch den Neubau der Landesgirokasse geschlossen.

38: Auf der Standfläche des Behelfsbaus steht heute die Kaufhalle. Mit Gaißmaier-Bau und den hier noch fehlenden Neubauten wurde die von Osten herankommende Lautengasse als Sackgasse abgeriegelt und das Plätzchen westlich der Hirsch-Apotheke (Bild 33) verbaut.

Rechts neben dem im Vordergrund befindlichen Behelfsbau Foto-Bartenschlag ist ein reiner Schaufenster-Behelfsbau für das ausgebombte Herrenbekleidungshaus Biber & Stottmann in der Ulmer Gasse angebaut.

37 Blick über die Bahnhofstraße, etwa Spätjahr 1951.

38 Blick nach Süden von der Ecke Wengengasse/Hirschstraße

39 Südfront der Wengenkirche

40 Ruine der Wengenkloster-West und Kirchen-Nordseite von der Wengengasse.

39-44: Das Augustinerchorherrenstift zu den Wengen wurde 1183 auf dem Michelsberg gegründet. Seit 1399 befindet es sich an dem heutigen Platz in der Wengengasse.

1944 brannte die Kirche aus. Das weitspannende und nur dünnschalige (Bilder 41, 44) backsteinerne Schiffsgewölbe (1629/35) stürzte ein. Wurde der Chor und der östlichste ruinöse Schiffsabschnitt 1946 überdacht und am 10.8.1946 als Notkirche geweiht (Bild 39: Chor mit erhaltenem, aber zierlos gewordenem Gewölbe, an dem später gotische Rippen rekonstruiert wurden, sowie mit viel erhaltenem Wandstuck), so zerfiel die Schiffsruine.

Fast aller Putz löste sich ab. Unter dem Rokokoputz und -stuck von 1738/66 kamen an vielen Stellen so viele verschiedene Partien der frühbarocken Graumalerei von 1629/35 zutage, daß der Verfasser aus seinen Erhebungen von 1946 das Gesamtbild (Bild 43) zusammenstellen konnte. Die einstige Bemalung der abgestürzten Scheitelzone bleibt dagegen unbekannt.

Die Ruine des Westflügels der 1699 neu errichteten Konventbauten und die Nordseite des Kirchenschiffs von 1399 sind auf Bild 40 zu sehen. Hier wie auch in der Innenansicht auf Bild 41 wird ersichtlich, daß die alte Schiffsnordwand keine homogene Mauerscheibe mit Fenstern war, sondern stabilisierend im westlichen Teil aus drei hohen, im östlichen Teil aus drei niedrigen spitzbogigen Bogenstellungen bestand.

Die Bilder 44 innen und 39 außen zeigen, daß die Südschiffswand ursprünglich die Scheidbogenwände des Hallenschiffs gewesen war. Sie hatte südlich der zwei sich in wandhohen und weiten Spitzbogen auf kapitällosen, schlanken, achteckigen Backsteinpfeilern gegen das (bereits 1549) abgebrochene südliche Seitenschiff geöffnet und war dann nach Vermauerung der Bogen zur Außenwand geworden. Die Wandpartie auf Bild 44 besteht nicht mehr und wurde 1953 neu gebaut.

Von der frühbarocken Grauausmalung der 1629/35 eingebauten Wandpfeilerkirche hielt der Verfasser 1946 zeichnerisch eine Reihe zutagegekommener Fragmente fest.

Die Bilder 42 zeigen Engelstandpostamente über Pfeilerabschlußgesimsen. Ein solches Postament ist auch auf Bild 41 rechts über dem Gesims des mittigen Pfeilers zu sehen.

41 Detail Wengenkirchen-Innenraum.

42 Skizze Engelpostamente. Von Hellmut Pflüger. 1946.

43 Rekonstruktions-Skizze Wengenkirchenschiff. Von Hellmut Pflüger.

44 Detail Wengenkirchen-Innenraum.

46: Die Aufnahme zeigt den Blick in den nördlichen oder Wirtschaftshof des Wengenklosters, von der Wengengasse her durch das Klostertor. Innen rechts die Ruine des Nordflügels des Kreuzgang-Geviert-Neubaus von 1699, links ein Wirtschaftstrakt längs der Walfischgasse. Im Hintergrund, vor dem Münster, schließt der spätgotische Zehntstadel an der Ulmergasse ab.

Wurde sein zierlicher Wendeltreppenturm erhalten und an die Hofseite des Neubaus Ulmergasse 15 übernommen, so fielen leider die Stadel-Umfassungsmauern mit großmustrigem Kleeblattbogenfries (sein mächtiger nördlicher Staffelgiebel s. UTrü S. 136). Den Vordergrund des Bildraums bildet heute der Kirchenvorplatz nördlich des 1953/54 erbauten neuen Kirchenschiffs Ecke Wengen-/Walfischgasse (Pfl II, 39; Wartb 10).

45 Amtshaus-Ruine an der Wengengasse.

45: Die Ruine des 1786 durch Daniel Blattner erbauten Amtshauses, das seit 1803 als katholisches Pfarrhaus fungierte, wurde um 1949 in den erhaltenen Umfassungswänden unter Restaurierung des feinen, vasengekrönten Portals wiederaufgebaut.

46 Wirtschaftshof des Wengenklosters, von der Wengengasse durch das Klostertor.

47 Blick stadteinwärts durch die Glöcklerstraße um 1948.

47: Das Bild zeigt den Ausschnitt der heutigen Neuen Straße vom Schuhhaus Ratter bis zur Abzweigung Schwilmengasse. Links gegen die Große Blau lagen einst, umgeben von vielen Gerberhäusern, die beiden "Lederhöfe".

Endstück des diese trennenden Bebauungsriegels bildete hier die Ruine Glöcklerstraße 30, Café Bauer. Dieser etwa um 1880 errichtete Bau beherbergte zuvor die Wirtschaft "Zum Apostel". Daher die reizvolle Petrusfigur, die gerade noch vor dem Abbruch gerettet werden konnte (sie steht heute im Kirchgarten der Wengenkirche). Die Bebauung dieser Seite erfolgte in den 50er-Jahren als Querstreifen-Bebauung mit Läden senkrecht zur Straße, zu jener Zeit als modernste Bauweise gefeiert, wird diese heute eher skeptisch beurteilt.

Im Durchblick links unterhalb des Münsterturms die Ruine des neugotischen Merath-Hauses Hirschstr. 1 (heute südliches Hettlage-Geschäft). Davor, auf der Südseite der Glöcklerstraße die vortretende Ruine des einstigen Hotels "Baumstark", das im 18. Jahrhundert von großer Bedeutung gewesen war und in den 1880er Jahren ein neues Fassadendetail erhalten hatte. Rechts daneben die Ruine Glöcklerstraße 9 (Bild 32). Hier stehen heute traufständige Neubauten der 50er Jahre.

48: Rechts sieht man das unzerstört gebliebene neugotische Staffelgiebelhaus Hämpfergasse 12 sowie gegenüber und westlich stehende Ruinen dieser Gasse. Darüber der Durchblick, unterhalb des Münsters, auf Dächer wiederaufgebauter Gebäude im weitläufigen "Hohentwiel"-Anwesen Fischergasse 6 und links davon auf die gaubenreiche Südfront des Neuen Baues.

Links am Rand längs des gewinkelten Verlaufs der in den 70er Jahren völlig verschwundenen Himmelgasse der Nordtrakt des sichtbacksteinernen Brauereigebäudes der ehemaligen "Storchen"-Brauerei mit dem hohen, auf dem Foto nur z. Tl. sichtbaren, Brauereikamin mit aufgesetztem roten Ochsen.

48 Blick von der Promenade nach Nordost zur Hämpfergasse.

49 Luftbild über die bombenzerwühlten Gleise des Ulmer Bahnhofs zum Zinglerberg und Glöcklerstraße vom 8. Mai 1945.

49: Schräg neben den Gleisen ansteigend die damalige Hauffstraße, heute nur noch ein bahnbegleitender Randfußweg. In der Mitte des rechten Bildrandes wird die Bahn von der Zinglerbrücke überquert. Diese führt auf den Art-Deco-Staffelgiebel des inwendig zerstörten und verändert wieder aufgebauten Zinglerberg-Kasinos. Der Zinglerberg knickt nach links ab zum neugotischen Promenade-Eckhaus der Bäckerei Jehle. In der Verlängerung des Zinglerbergs erkennte man in der Mitte des linken Bildrandes das damals noch zwei Stockwerke höhere Kreisverwaltungsgebäude an der Friedrich-Ebert-Straße, dessen rechte Seite von einer Luftmine aufgerissen ist.

Unterhalb dieser Zinglerberg/Friedrich Ebert-Straßen-Linie hat sich alles verändert. Die grüne baumbestandene Tiefe des Teils des Kobelgrabens (Festungsgraben 1617/23) wurde beim Umbau der Zinglerbrücke mit einer gestreckten Kurvenführung um 1963 verdolt und hoch aufgefüllt.

Die hellbeschienene Ehinger Straße unterquerte die Bahn nur als Fußgängerunterführung (heute Abfahrt Bahnunterführung Neue Straße). Links davon nahe der Bahn hell ein bahneigenes Haus. Dahinter der um 1860 entstandene stattliche Gaststättenbau "Zur Eisenbahn", zuletzt "Ulmer Hof". Beide Häuser wurden in den 60er Jahren abgebrochen.

Links dieser Häuser erscheint die Große Blau aus der Bahnunterführung und führt scharf waagerecht umknickend in die Friedrich-Ebert-Straße. Durch eine Stellfalle im alten Festungswehr erkennt man, wie ein Teil des Blauarms in den tieferliegenden Kobel-Festungsgraben abgelassen wird.

Auf dem Viertel zwischen Festungsgraben und Blauarm liegt rechts das Gebäude der AOK, links das Daiber-Haus. Unterhalb des Blaueinschnitts links an der Friedrich-Ebert-Straße das Möbelhaus Seisler und das dreieckige Werksgelände der einstigen Braukesselfabrik Edmund Mayer. Alle Gebäude, die teilweise wiederhergestellt wurden, fielen der Straßenverbreiterung und neuer -führung Friedrich-Ebert-Straße und Neue Straße zum Opfer (heute auch Teil des Omnibus-Bahnhofs).

Rechts des Kreisverwaltungsgebäudes steigt der Henkersgraben mit gestaffelten alten Häusern empor (repariert, heute veränderte Neubauten). Ein Stück weiter schräg aufwärts die säulenartige Schornsteinaufreihung der Ruinen des "Soldatenstädtleins" Henkersgraben.

50: Das Bild zeigt das Viertel Schwörhausgasse - Lautengasse (unten), Henkersgraben links und Friedrich-Ebert-Straße rechts oben. Etwa vom mittleren Drittel der Bildunterkante geht heute die Neue Straße steil schräg rechts nach oben zur alten ehemaligen Kreissparkasse bzw. zum Kreisverwaltungsgebäude Friedrich-Ebert-Str. 1.

In der Mitte des linken Bildrandes querstehend das Haus Weinhofberg 8 (heute Café Kulisse) und schräg rechts oberhalb die ehemalige Lochmühle Gerbergasse 6. Die übrigen Bauten der hier erhaltenen Viererguppe stehen nicht mehr. Die ehemalige Lochmühle liegt am großen Blauarm, der in der Bildmitte als dunkler Streif zu sehen ist.

Die beiden Häuser unter Dach an der Flußbiegung stellen ein frühes Wiederaufbaustadium des Gerber Falch'schen Hauses (heute Neue Straße 45) dar. Der dunkle Giebelbau ging als Ostteil im heutigen Gebäude auf, anstelle des hellen Schleppdachschuppens liegt ein Parkplatz. In Fortsetzung rechts sieht man die Ruinen der einstigen Gerberhäuser zwischen Blau und Gerbergasse (heute Bus-Parkplatz).

Zwischen dem Falch'schen Haus und der Steinernen Brücke erkennt man auf Bild 51 sehr gut die 1843 auf dieser Strecke gemeinsamen Laufs beider Blauarme erbaute Scheidemauer, die die Teilung der Wassermenge entsprechend den Wasserrechtsverhältnissen der Müller und Gerber aufrechterhielt (Pfl I, 33). In der unteren Hälfte des Bildes 50 sieht man am Ostende dieser Teilungsmauer die Gabelung der zwei Blauarme am Unteren oder Hirschbad-Bscheid. Während der nördliche oder kleine Blauarm aus dem Bild verschwindet, breitet sich links, sich über die untere Hälfte des Bildes 50 fortsetzend das Ruinenfeld der einstigen Handwerkerhäuser zwischen den Blauarmen "auf der Läute" aus.

Hinter dem Dach der Lochmühle beiderseits die Schwilmengasse, links mit dem Brauhaus "Storchen". Rechts davon ziehen sich bis über die Bildmitte die Ruinen der Hämpfergasse und des Gresenhofs, dann das einsame intakte Dach von Schuhhaus Ratter gefolgt vom bereits erwähnten Kreisverwaltungsgebäude. Darunter die gründerzeitliche Ruine "Zum Apostel" (Bild 47), rechts gefolgt von den Ruinen der Lederhöfe.

Links oberhalb des Hauses Falch steht die barocke Fassade des rückwärtigen Gebäudes des ehemaligen Hotels "Baumstark", eine der wenigen schönen Ulmer Barockfassaden (größere Wiedergabe Bild 53; SchPfl. Bild 56), die unbeachtet entschuttet wurde.

51: Über dem senkrecht stehenden Blaulauf steht die Ruine des einstigen "Filmpalast", nach 1945 das (Revolver)-Kino "Roxy" auf der "Steinernen Brücke". Rechts davon folgen gestaltlose Ruinen des Langmühlebaus, dann die noble geschlossene Barockfassade des Deutschordenshauses an der Bahnhofstraße, dem Saalbau mit noch erhaltener Hinterfront gegenüberstehend. In der Mitte des Bildes das Plätzchen an der Gabelung von Lautengasse und Hirschstraße (Bild 34).

Zwischen der fast senkrecht nach unten abgehenden Lautengasse, die teilweise noch verschüttet ist und der mauergeteilten Blaustrecke liegen die Ruinen südlich der Lautengasse. Man erkennt den alten Steg, der zu den drei Garnsieden auf der Insel führt. Um die Jahrhundertwende war dort bis zum Jahr 1914 das "Volksbad Stierle", heute ist es eine öffentliche Grünfläche mit Beschriftungsobjekt "Ulmer Mauer".

Am rechten Bildrand dominiert die Südfront des hier im Wiederausbau begriffenen Hauses Müller & Co. Links davon das Rückgebäude des Hauses Mohr und daneben eine sehr hohe Ergeschoß-Innenwand mit drei spitzbogigen Schildbogen einer zerstörten Gewölbehalle. Dieses Bauwerk war Teil des gegen Lautengasse und Hirschstraße sehr weitläufigen Wirtschaftsanwesens "Zum jungen Hasen" (UTrü 90). Schon 1679 ist hier das "Bierhauß zum Haßen" bezeugt. Seine Brauerei endete 1886.

50/51 Blick vom Neuen Bau auf den völlig verwüsteten Altstadtbereich Gerber- und Schwilmengasse um 1946

52-53: Beide Aufnahmen bilden bei etwas differierendem Aufnahmeort, sich am Rand etwas übergreifend, ein Panorama (UTrü 90, 160). In Bild 52 läuft etwa beim oberen Drittel die Schwilmengasse als helle Ader quer, mit der ebenso hell nach links aufsteigend abzweigenden Hämpfergasse. Rechts über dem Schornstein zweigt noch ein Sträßchen ab, das "Kühloch". In der Bildmitte mit Bretternotdach ein sehr provisorischer Aufbauanlauf.

In der Bildmitte ganz oben ist der am 21.6.1947 abgeschlossene Wiederaufbau der gleichmäßigen Giebelhäuserfolge des 1632 von Furttenbach erbauten "Soldatenstädtleins" am Henkersgraben im Rohbaustadium fertig. Rechts über den Ruinen des Glöcklerstraßen-Hinterbereichs eine kulissenartige Folge dreier erhaltener Altstadthäuser.

52/53 Ruinenfelder von der Schwilmengasse über die Gerbergasse zur Blau, etwa Mitte 1947.

Im Vordergrund des Bildes 53 befinden sich die Ruinen der Nordseite der Gerbergasse, an denen diese links entlangläuft, während oberhalb Mitte des rechten Bildrands die durch Trümmerschutt unregelmäßigen Ufer der Blau und der Anfang der Steinernen Brücke erscheinen. Zum Teil sind die Grundstücke entschuttet bzw. mit teergepapptem Notdach versehen. Wo einst Gerberhaus dicht neben Gerberhaus hart am Wasser stand, ist heute ein Omnibusparkplatz angesiedelt.

Vom "Baumstark" ist links die Fassade seines Saalbaus zur Schwilmengasse zu sehen, rechts davon erkennt man die Westmauer seines Vorderhauses zur Glöcklerstraße, davor der größere ganz zertrümmerte Teil, unter dessen Nordostecke sich dennoch ein Gärtnerei-Kellerlädchen befand.

Nur ein in die Glöcklerstraße einfahrendes Pferdefuhrwerk deutet an, daß in seiner Verlängerung den hohen Schuttberg, außer der sichtbaren Gerbergasse vorne, weiter hinten nochmals ein grabenförmiger Einschnitt für die Schwilmengasse durchquert. Der querliegende längliche Trümmerberg dazwischen ist der des diese zwei Gassen inselartig teilenden Hauses des Sattlers Stein. Hinten beiderseits der Straßenbahn Modell 1912 die Ruinen der Glöcklerstraßen-Nordseite (Bild 47).

54: Tür und Fenster einer selbstentschutteten Erdgeschoßruine (heute Omnibus-Parkplatz) sind mit Backsteinen vollgeschichtet. Nördlich der hinter diesem Grundstück fließenden Blau, ganz links im Bild die Ruine der einstigen "Eich", von der nur noch der westlichste Abschnitt aufrecht steht (Bilder 32, 51). Rechts des "Eich"-Giebels der wiederüberdachte Schiffsostteil und Chor sowie der Turm der Wengenkirche.

55: Im Vordergrund die Lautengasse mit Hausruinen der "Läute", über der der Lautenberg zum Münsterplatz aufsteigt. Rechts zeigt sich unter einem Notdach der weit herab bombenzerstörte Westflügel des Neuen Baues. Auf der linken Bildseite die Ruinen des Blocks hinüber zur Eichelesgasse (heute unten längs der Lautengasse der

54 Querblick nach dem August 1946 von Trümmern der Gerbergasse zur Lautengasse und Hirschstraße.

55 Blick vom Falch-Haus über die Blau nach Nordost.

Hertie-Erweiterungsbau). Oben Ecke Hirschstraße/ Lautenberg erhebt sich die Ruine des Merathschen Hauses von 1903, links davon kann man über die Zerstörungsflächen um den Münsterplatz hinweg bis zum Hotel "Bäumle" in der Kohlgasse blicken.

Unterhalb des Merath-Hauses ein doppelter Brandmauergiebel zwischen zwei mittelalterlichen Häusern, von denen das obere, wohl Nr. 2, ausweislich der enormen Weite der straßenseitigen Vorkragungen der Brandmauerscheibe spätestens 1376 entstanden war.

56: Zwischen linker unterer Bildecke und Mitte des rechten Bildrands findet man den Lauf der Großen Blau, wo sie hinter dem nördlichen Halbgiebel der Lochmühle verschwindet. Der Blick geht fast genau in Verlaufsrichtung der späteren Neuen Straße. Links der Lochmühle steht das Gebäude mit dem heutigen Café Kulisse, darüber das Schwörhaus mit erhaltenem West- und leerfenstrig ausgebranntem Ostteil. Links davon folgen unten erhaltene Häuser der Schwörhausgasse, dann wiederaufgebaut mit hellem Zementbiber-Dach die Bäckerei Staib am Weinhofberg.

56 Blick vom Falch-Haus über die Ruinen der "Läute" nach Südost.

57 Blick von der Häuslesbrücke nach Nord auf die Hohenstaufenmauer an der Schwörhausgasse.

57: An die Mauer sind heute noch erhaltene kleine Schuppen angebaut. Sie geht oben in die Ruine des "Schwanen" auf dem Weinhof über (Platz des heutigen backsteinernen Büchermagazin-Gebäudes). Daneben, unterhalb des Münsterturms, die Innenseite des Nordgiebels des Steuerhauses. Die beiden Häuser rechts der Häuslesbrücke wurden in den 60er und 80er Jahren durch Neubauten ersetzt.

58-61: Anstelle eines von der Stadt 1437 erworbenen und als Steuerhaus genutzten Gebäudes ließ die Stadt 1534 von Stadtwerkmeister Marx Michel dieses neue Steuerhaus erbauen (Bild 58). An der Schwelle von Spätgotik und Renaissance erhielt sein Nordgiebel eine elegant schwingende Flächengliederung in Maßwerk, das mit Kreuzblumen über die Giebelränder emporgreift. Der Randschmuck des Südgiebels war dagegen vom Nordgiebel ganz verschieden.

Links davon reiht sich in der Sattlergasse das ehemalige Steuermeisterhaus an. Zuvor Bürgern, u. a. Besserer gehörend, erwarb es die Stadt nach 1483 von einem Ulmer Steuerschreiber. Steuerhaus und Steuermeisterhaus ließ die Stadt durch den Ulmer Architekten Rudolf Heilbronner wiederaufbauen. Der Rohbau steht im April 1953.

58 Steuer- und Steuermeisterhaus. Nordgiebel.

Hinter Türbogen und Spitzbogenfenster des Steuermeisterhauses konnten zwei Stockwerke gewölbter gotischer Räume restauriert werden (Bild 60). Ferner gelang es, das Steuerhaus als bruchlose organische Einheit herzustellen zwischen der erhaltenen Nordgiebelwand und den Ecksaalfenstern einerseits und einem die alte Körperlichkeit fortführenden behutsamen modernen zweckgerechten Schulneubau (heute Ordnungsamt) andererseits.

Links über die Ruine Sattlergasse 6 schweift der Blick auf die Westseite des notdachgedeckten Rathauses.

Das Bild 59 gibt den Blick frei auf die Innenseite der nördlichen Giebelwand mit den den Rand schmückenden Kreuzblumenstielen. Man erkennt im Erdgeschoß die Säulen und Gewölbereste der vierschiffigen Kreuzgratgewölbehalle. Ihre Rundsäulen besitzen knappe, übereckgestellte Achteckkapitäle, wie auch das wenig neuere Schuhhaus von 1538. Hinten rechts, nahe dem Ende der EG-Nordwand ist das Oberteil der Durchgangstür (Bild 61) zum Steuermeisterhaus sichtbar.

Diese Durchgangstür mit der Jahreszahl 1491 und rechts nebengesetztem Steinmetzzeichen dürfte angelegt worden sein, als die Stadt zum alten Steuerhaus 1483 das als Steuermeisterhaus genutzte Haus hinzuerworben hatte.

59 Steuerhaus-Nordgiebel von Innen.

60 Gotischer Raum im 1. OG des Steuerhauses.

61 Durchgangstür zum Steuermeisterhaus.

Den gotischen Gewölberaum im 1. OG des Steuermeisterhauses zeigt das Bild 60. Der zweijochige Raum hat je ein großes Spitzbogenfenster gegen die Sattlergasse und südwärts, wo im Hintergrund der Nordgiebel Kronengasse 1 zu sehen ist. Neben diesem Fenster zwei der einst öfter zu findenden Abgüsse der spätgotischen Wappenträger-Ritter des Fischkasten-Brunnens auf dem Marktplatz. Auch der darunter liegende gotische Gewölberaum wurde gerettet und restauriert.

62: Links schließt sich an die erhaltenen Wände des Steuermeisterhauses die straßenseitig nur noch erdgeschoßhoch erhaltene Ruine des um 1600 entstandenen Großbürgerhauses Sattlergasse 6 (heute Familien-Bildungsstätte) an. Der Torbogen besaß eine renaissancezeitliche Umrahmung mit Schlußstein und zwei auf der Bogenstirn ausgehauenen Wappen. Das Erdgeschoß wies renaissancezeitliche Gewölbe mit stuckierten Gurten über wuchtigen Säulen auf.

Links neben der Westseite des Rathauses die Ruinen der heutigen Südseite der Neuen Straße zwischen Postgasse und Rathaus, links überragt von Bäumen auf dem Hauptwachplatz.

62 Blick nach Ost durch die Sattlergasse.

63: Im Hintergrund ganz links die Schwörhausruine, davor auf dem Weinhof zusammengeführte zwischengelagerte Trümmerdämme. In der Zeit des Mangels auch an Fahrzeugen und Kraftstoff mußten Platzflächen wie die des Weinhofs auf einige Zeit zur Zwischenlagerung geräumter, die Straßen verengender Trümmer dienen.

Ganz rechts die Südfront des Neuen Baus. In Bildmitte die Ruine des Steuerhauses und des sich rechts anschließenden Steuermeisterhauses. Teil des Steuerhauses war aber auch, rechts an den teilerhaltenen andersverzierten Südgiebel anschließend, ein kurzer Anhangflügel an der Mohrengasse, der drei EG-Bogenfenster zeigt und ebenfalls gewölbt war.

An der Nordseite der Mohrengasse folgen fluchtgleich Mohrengasse 1 sowie eine altertümliche Seitenbrandmauer und steinernes EG des uralten, weit vorkragenden Fachwerkhauses Mohrengasse 3 (Wartb 47), darüber ein Teil der Hinterfront Sattlergasse 6 (Bild 62).

63 Blick vom Nordgiebel des heutigen Altentreffs Kronengasse 5 nach Nordwest gegen den Neuen Bau.

64: Das Schwörhaus war 1785 ausgebrannt und verlor seinen ursprünglichen Renaissancegiebel. Beim Wiederaufbau 1789 erhielt es einen Barockgiebel (dieser fiel am 28.12.1945 in sich zusammen) in der Form des abgebildeten Westgiebels. Um den kürzeren westlichen Abschnitt, der hier unzerstört steht, war das Schwörhaus 1911 verlängert und der westliche Schmuckgiebel an die Verlängerung übertragen worden, die, da in widerstandsfähigerer neuzeitlicher Bautechnik erbaut, bis auf die zwei verbrannten obersten Dachgeschosse erhalten blieb (UTrü 29, 68, 94).

Um 1911 wurde die, von den die Reichsstadt 1803/10 übernehmenden Territorialstaaten als unliebsame politische Reminiszenz entfernte, Schwörkanzel und -arkade wiederhergestellt. 1915 schuf Throll (München) die abgebildete bemerkenswerte historische Bemalung, die beim Wiederaufbau 1954 beseitigt wurde.

64 Die Schwörhausruine nach Absturz des Ostgiebels.

65: Über das Westende der leeren Grundfläche der 1938 zerstörten Synagoge sieht man quer über den abfallenden Weinhofberg den wiederhergerichteten Westbau des Schwörhauses. Zwischen diesem und dem Weinhofberg Ruinen der Westseite des Weinhofs, zuvorderst am Weinhofberg diejenige des "Wallensteinhauses" mit notdachgesicherter Mittelpartie und unterkellertem Terrassenvorbau links nach Osten (Wartb 46). Ganz rechts zwei erhalten gebliebene Häuser der Schwörhausgasse, das rechte Wirtschaft "Zur Zill" (vormals "Stadt Göppingen"). Das ansteigende Sträßchen im Vordergrund führte einst zum südlichen Vorplatz des Neuen Baus.

65 Nach heutiger Lage: Blick von der Neuen Straße zum Weinhofberg.

66 Blick aus dem Spitzbogenfenster des Steuermeisterhauses.

67: Die leeren Fensterhöhlen des Steuermeisterhauses zeichnen im Vordergrund Schatten auf die Sattlergasse. Der Blick führt in das Innere des gotischen Steinhauses aus dem 14. Jahrhundert Sattlergasse 1, Ecke Sattler/Köpfingergasse. Um die Innenseite des Nordgiebel-Dreiecks die Folge backsteinerner Schmuckfialen. Dieser bemerkenswerte gotische Giebel war stehen geblieben, wurde aber leider trotz seiner überregionalen Einmaligkeit zugunsten des Sparkassen-Neubaus zerstört, statt ihn eingliedernd zu erhalten. Man erkennt Reste von Erdgeschoßgewölben. Rechts tiefbeschattet der noch stehende Teil der Ostwand. Unterhalb des Münsters die Mauern des übernächsten Nachbarn Sattlergasse 5 (Bild 68; UTrü 28).

68: Man erkennt auf der Giebelfläche nach rechts verschoben den Dachumriß des von Norden, aufgrund häufigen nachbarrechtlichen Einverständnisses, ohne Seitenwand angebaut gewesenen, sich mit seinem Gebälk einhängenden renaissancezeitlichen Nachbarhauses Köpfingergasse 9 (Pfl I, 30; II, 57). Durch diese leichte Anfügung war das Äußere von Ulms markantestem Backsteingiebel, wenn auch größtenteils verdeckt, erhalten geblieben.

67 Blick in das Steinhaus Ecke Köpfinger/Sattlergasse.

68 Blick nach Süd auf das gotische Steinhaus Ecke Köpfinger/Sattlergasse.

Die großen Fialen des Giebelrandes verjüngen sich im Oberteil und tragen Pyramidenhelme. Mit dem teuren Backstein wurde haushälterisch umgegangen. So ist das unterste Giebelfeld in Kalkbruchstein eingefügt. Dieser ist links im jahrhundertelang witterungsausgesetzten Teil vom Verputz klar freigewittert, der einst wahrscheinlich das Ganze zumindest leicht deckte.

Die zwei Giebelgeschosse zeigen mit Kalkquadern gerahmte Spitzbogen-Doppelfenster, während sich am 2. OG. große Spitzbogenfenster finden, dies alles beim Nachbarhausanbau vermauert.

Links das enge, zum Ostnachbar Sattlergasse 3 gehörende Höfchen, auf das eine Teilansicht des gotischen Backsteinnordgiebels Sattlergasse 5 folgt (UTrü 28).

69 Blick von Ruinen der Westseite Köpfingergasse nach Nordost.

69: Im Hintergrund ist der Neubau Deutsche Bank und die Ruine der "Alten Bierhalle" (heute Wienerwald) zu sehen. Vorn auf der Ostseite der ursprünglichen Führung der Köpfingergasse, zu der die heutige rechtwinklig quer läuft, Reste der jugendstilzeitlichen Türbogenarchitektur der Wirtschaft "Schwörglocke", eines reichsstadtzeitlichen Giebelhauses. Die Ruinenmauer rechts ist wohl die Südwand des angebauten im Blockinneren gestandenen Rückgebäudes des Hauses Südl. Münsterplatz 40, während in der Bildmitte noch eine der kalkbruchsteinernen seitlichen Brandmauerwände aufrechtsteht, wie sie in der fast durchweg ohne Winkelabstände oder Bauwiche gebauten, im Kern mittelalterlichen südlichen Münsterplatzzeile östlich der Köpfingergasse die Häuser voneinder trennten.

70: Diese Aufnahme überlappt sich mit dem rechtsäußeren Teil des Bildes 63. Ganz unten Mohrengasse 2, nördlich der verschütteten Gasse links die Nr. 1, rechts Nr. 3 der Nordseite, dahinter die Hinterfronten Sattlergasse. Oberhalb des Steuermeisterhauses ist rechts vom Neuen Bau der gotische Steinhausgiebel Sattlergasse 1 zu erkennen.

Rechts davon Trümmer und vereinzelte Ruinen des sich nach Osten dreieckig zuspitzenden Blocks zwischen Südl. Münsterplatz und Sattlergasse mit dem Teichmannbrunnen auf eckausgeschnittenem Plätzchen, etwa identisch mit seinem heutigen Platz vor der Sparkasse.

Jenseits des Münsterplatzes zeigt sich mit übernommenen EG-Arkaden der Behelfsladen Abt, darüber erhaltene Häuser der Rebengasse, links davon einige frühe Wiederaufbauten im dortigen Gebiet.

70 Blick vom Nordgiebel Kronengasse 5 nach Nordost.

71 Blick von hochliegendem Standort am Nordende des Neuen Baus nach Südost.

71: In den unteren Zweidritteln des Bildes erscheinen die Reste des dreieckigen Blocks (Bilder 70, 72) zwischen Köpfingergasse (vom linken unteren Bildrand ausgehend), Südl. Münsterplatz links und Sattlergasse (von der Mitte des rechten Bildrandes).

Ganz links läuft die heutige Nordspur der Neuen Straße, die alte Lange Straße, auf die Ruinen des Südl. Münsterplatzes zu. Im Hintergrund der Turm der Dreifaltigkeitskirche. Davor sieht man das helle Dachpult der Bäckerei Martin ("Martinsklause") und noch etwas davor die Kuppel des Musikpavillons auf dem Hauptwachplatz (Bilder 86, 87). Weit hinten in der Langen Straße ist in der verkröpften Kreuzung bei der Oberen Stube eine Straßenbahn zu erkennen (Bild 83).

Links des Rathauses sind die Gebäude des Museums, der Westbau unter hellem Notdach, darüber dominierend das Kiechelhaus zu sehen.

Der untere Bildrand links gibt den Blick frei in die Ruine Köpfingergasse 2, seit 1841 Gaststätte, um 1873 "Finstere Stube", später "Stadt Kirchheim" genannt. Die reguläre Fensterfront blickt auf die trümmerverschüttete, enge, einst mit dreigeschossigen Häusern bebaute schluchtähnliche Gasse (Pfl I, 30).

Rechts davon beginnt mit Ruine quer zur Gasse, darüber mit hell wiederüberdecktem Gebäude das weitläufige "Goldner Adler"-Anwesen Weinhof 1.

Von der Mitte des rechten Bildrandes ist durchs völlig zerstörte Vorderhaus eine Zufahrt in den ebenfalls entschutteten Hof freigeräumt. Darin lagern Fässer, wohl wieder wie bis 1944 von der Firma Müller & Feuchter, Farben-, Lack- und Kittfabrik.

72: Der Standort des Fotografen befindet sich etwas östlich der heutigen BW-Bank in der Sattlergasse (heute Südspur der Neuen Straße). Vorn rechts die 1857 neuerbaute Hauptwache am Westrand des nach Brandzerstörung der Gräth oder des Waaghauses 1853 angelegten Hauptwachplatzes (heute alles auf der Fläche der Neuen Straße).

Dann teilt sich am spitzen Eckhaus (Wirtschaft "Rad") der Straßenzug, links weiter als Sattlergasse zum Weinhof und nach rechts als Verbindung zum Südl. Münsterplatz. Rechts vom Neuen Bau die hohe Ruine Merath Hirschstraße 1.

Über die Hauptwache führt der Blick zum Münsterplatz-Wartehäuschen (heute Meier-Bau), dahinter eine Treppenhaus-Ruine vom Westl. Münsterplatz und jenseits der Pfauengasse ein wiederausgebautes Falschebner-Rückgebäude im Blockinneren.

72 Gegenblick zu Bild 71 über Trümmer der Südseite der heutigen Neuen Straße.

73 Blick vom Metzgerturm nach Nordwest auf Unter der Metzig und Kronengasse.

73: Links unten zeichnet sich die Nordwestecke des Plätzchens Unter der Metzig ab mit den zwei bis heute erhaltenen Fachwerkhäusern.

Von den zwei Ruinen rechts davon (In den 80er Jahren als Giebelhäuser wiederaufgebaut) war die rechte, Kronengasse 14, die Wirtschaft "Alte Post" (Pfl I, 31).

Von der Platzecke und Fachwerkhaus links zieht eine enge Verbindungssteige zur Kronengasse hinauf, an der links, von unten erst die schmale Ruine Metzig 21 (harmonisch wiederaufgebaut), dann das weitläufige, einst großbürgerliche Anwesen Kronengasse 12 liegt, das erst 1892 zur Schankwirtschaft "Dampfschiff" wurde. Hinter kronengassenseitigem steinernem Haupthaus lag hangab ein geräumiger Hof, beiderseits von Rückgebäudeflügeln begleitet, ihre und des Vorderhauses Trümmer füllen Hof wie Gässchen daneben.

Rechts in Mittelhöhe steht der bei Bild 76 beschriebene zentrale Brandmauerostgiebel Vestgasse 3 von dem rechts waagrecht der Ruinenzug zwischen Kronengasse vorn und Vestgasse hinten ausgeht. Aufwärts an der Vestgassen-Westseite steht die gründerzeitliche Fassade der um 1880 erbauten Wirtschaft "Ratskeller", (Der "Ratskeller im EG des Rathauses wurde erst 1939 eingerichtet).

Links hinter der "Ratskeller"-Ruine die hohe gründerzeitliche Ruine der tief im Blockinneren gelegenen Druckerei Ebner (Ulmer Tagblatt).

74 Ruine des "Dampfschiff".

75 Hausdurchfahrt des "Dampfschiff".

74: Ein Teil des EG-Gewölbes bestand in der von der Kronengasse her durch das Haus in den Hof führenden Hausdurchfahrt. Bild 75 zeigt ihr spätgotisches Netzgewölbe, dessen Hohlkehlrippen aus aufgereihten Formbacksteinen bestehen. Damit ist ein im Kern spätgotisches Haus belegt. Auch die auf Bild 74 durch Putzabfall sichtbar gewordene überwiegende Ausführung in Kalkbruchstein spricht für eine mittelalterliche Entstehungszeit. Die Zeit um 1600 hat das Haus jedoch entscheidend in ein Renaissancehaus umgestaltet.

Rechts außen erkennt man die Innenseite der östliche Hofmauer mit zur Hälfte erhaltenem Torbogen, der einfache Quadrierung auf Weiß, dunklen Putzquadersaum des Bogens und oben ein nur von dieser Stelle bekanntes Rauhputz-Ornamentfries mit einer Art Kreuzblätter zeigt. Bis 1944 lag dies tief im Schatten des Hofseitenflügels. Die "Dampfschiff"-Ruine und -gewölbe wurde nach vergeblichen Erhaltungsplädoyers 1953 zugunsten völliger Neubebauung ("Retorte") abgebrochen.

76 Blick von der Rathaus-Südwestecke in die Kronengasse.

76: Vorne links steht die Ruine Vestgasse 3, durch deren EG-Fenster die Fahrbahn der Kronengasse zu erkennen ist. Von seinem westlichen Brandmauergiebel blickt man links abwärts auf die Oberfläche der EG-Gewölbe und einen Teil der Erkerpartie an der Ostseite des "Dampfschiffs".

Rechts des Brandmauergiebels geht der Blick nach hinten längs der Kronengasse, darunter die Nordpartie der "Krone". Überhöhend schaut hinten der "Engländer" Weinhof 19 herein. Auf der rechten Seite wird die Kronengassen-Nordseite von Nr. 5 (heute Altentreff) eröffnet, rechts davon schweift über die Ruinen der Blick zur Schwörhausruine.

Der untere Teil der rechten Bildhälfte zeigt die Reste der um 1880 bis 1939 bestehenden Wirtschaft "Ratskeller".

77: Im Vordergrund die Dächer des Stadtbads, rechts mit zwei guckehürle-förmigen Lüfteraufsätzen, die Schwimmhalle. Links verlängernd an der Südseite des Marktplatzes die 1947 provisorisch nur zweigeschossig aufgebaute Wirtschaft "Fischkasten" (Abbruch und Neubau 1994/95). Darüber beiderseits die Fläche des östlichen Marktplatzes, der hier wie der Weinhof zur Schuttablagerung diente.

Aus den Ruinen nördlich des Platzes ragt über dem First des "Fischkasten"-Häuschen der gotische "Lichtenstein-Erker" heraus, dahinter das Museums-Vorderhaus unter einem Notdach. Stehen links davon Ruinen auf der heutigen Neuen Straße, so folgt rechts der intakte Museumskomplex mit dem hohen Kiechelhaus.

Davor steht die Ruine Marktplatz 8, Dr. Palm, rechts gefolgt vom linken, intakten, dann dem beschädigten Hochbau von Marktplatz 9 ohne Dach, das nur stark beschädigt (UTrü 65), hernach offenbar nicht mehr zu halten war und vor erfolgter Wiederherstellung (Bild 78) abgebrochen wurde.

Links des erhaltenen Hauses Marktplatz 11 liegt die erschütterte Fachwerkruine Nr. 12, von der zunächst noch weit mehr erhalten war (UTrü 65), die aber dann ganz abgebrochen werden mußte.

Die Südseite der Herdbruckerstraße liegt mit Ausnahme eines hellgedeckten Behelfsbaus zerstört bis zum stabileren Haus Herdbruckerstraße 18-20 ganz rechts. Links von diesem öffnet sich gegenüber der Einblick vorn in Ruinen hinten auf noch hoch erhaltene Bauten des weitläufigen einstigen "Goldochsen"-Stammhauses Nr. 11.

77 Nordostblick vom Metzgerturm auf Marktplatz und Herdbruckerstraße um 1947.

78 Fischkastenbrunnen, östliche Marktplatzbucht und Museumskomplex.
79 Die Platzgasse bei der Einmündung Rebengasse.

78: Die Entschuttung der Straßen und auch der Plätze ist abgeschlossen. Der südliche Hochbau des städtischen Hauses Marktplatz 9 (heute Teil und Eingang des Museums) hat nach vorübergehender schadensbedingter völliger Abtragung seines Daches dieses in alter Gestalt mit "Guckehürle"-Dachreiter wieder erhalten.

Links vom "Lichtenstein-Erker" geht der Blick ungehemmt über entschuttete Flächen bis zum Südgiebel Frauenstraße 19. Der Erker, zunächst noch gesichert und konserviert, sogar Mittelpunkt einer Freilichtaufführung, mußte schließlich fallen, weil man sich gegen die Übernahme in den auch schon wieder völlig umfassadierten heutigen Ostbau der Hypo-Bank sperrte.

79: Die Rebengasse mündete bis zur Kriegszerstörung am Ostende um eine Häuserinsel gegabelt in die Platzgasse ein. Das östliche Inselhaus war das von Uhren-Rössle, dessen Grundmauern hier entschuttet den Vordergrund bilden. Jenseits der Platzgasse am heutigen Platz Grabensee stand von gleicher beträchtlicher Längenausdehnung die stattliche alte Hausanlage Platzgasse 4. Darin befand sich 1635 die Wohnung des Ulmer Mathematikers Johannes Faulhaber. Um 1825 entstand dort eine Brauerei und ab 1863 die Schildwirtschaft "Zum Württemberger Hof". In Teile des alten EG mit dem Torbogen wurden später einige Läden eingebaut.

80: Ein Gegenblick vom Trümmerberg des "Württemberger Hofes" über die Platz- in die Rebengasse, deren Aufgabelung jetzt aufgegeben ist. Der entstehende Wiederaufbau Platzgasse 3 (Uhren-Rössle) wurde auf den alten aufgegebenen Gassengabelzweig verlagert. Rechts daneben steht so lange noch der Behelfsladen.

Links dahinter stehen die Ruinen des Hauses Abt und weiter hinten das in alten Wänden wiederaufgebaute Haus von Eitel Bek (um 1992 durch Neubau ersetzt).

Auf der Nordseite der Rebengasse drei intakt gebliebene Häuser (zweites heute "Rebstöckle", drittes heute Fisch-Heilbronner, damals Bäckerei Frey), dann die Ruine des Gärtners Bierdämpfel. In der folgenden Zerstörungs-lücke entstand 1950 das total zerstörte Haus Stempel-Kurz wieder. Hinten schließen die zwei teils in alten Umfassungsmauern wiederaufgebauten Häuser (Rohbauten), Pfauengasse 14 links und 16 rechts.

80 Blick in die Rebengasse 1947.

81: Das mit Vorhof im Blockinneren stehende Gebäude liegt zwischen Teppich-Eierstock und Münsterverwaltung, deren Hinterfront rechts oben hereinschaut. Vorgänger dieses Hauses war auf halb so großer Fläche die alte Ulmer Lateinschule gewesen. Diese wurde noch vor 1593 durch den hier aufgenommenen, ostwestorientierten Stadelbau mit Wellenrandverzierung der Giebel ersetzt. Wie das Kornhaus, der Büchsen- und der Salzstadel stellt dieser Bau ein markantes Beispiel Ulmer Stadelbaukunst dar.

Zu Beginn der 50er Jahre wurden die beiden Vollgeschosse unter Aufbringung eines Flachdachs und ohne Ausbau des Dachs, mit freistehenden unteren Partien der Giebel, zu Ladenzwecken ausgebaut. Entgegen anderen Absichten tritt der Verein Alt-Ulm dafür ein, daß, wenn an diesem Haus etwas gebaut wird, zwischen wieder vervollständigten Giebeln, und von diesen geschlossen, der vollständige Dachkörper wiederhergestellt wird.

81 Blick nach Ost durch das ausgebrannte Innere des Gebäudes Münsterplatz 20.

82: An beiden Giebeln dieses traufständigen Steinhauses, wohl aus dem 14. Jahrhundert, waren noch die Schmucktreppen und am östlichen die ornamental behandelte außenseitige Mittelstützrippe, wie sie für gotische Steinhäuser in Ulm charakteristisch war, erhalten (UTrü 50, 93). Es gehörte zu den bedeutendsten der wenigen erhaltenen Ulmer Steinhäuser seiner Zeit und wurde in den frühen 60er Jahren durch ein Stück Traufenhaus-Serienbau ersetzt.

Waren noch 1801 dieses Haus und das Vorderhaus an der Neuen Straße (heute Wienerwald) Schad`sche Patrizierhäuser gewesen, so gehörten beide 1836 einem Bierbrauer. Er baute das Haus zum Brauhaus um, daher auch das eiserne Traggerüst im Bild (Pfl. I, 11). Das Gesamtanwesen beherbergte seit 1863 die "Alte Bierhalle".

83: Links unten an der Kramgasse steht das 1538 als Tanzhaus des Patriziats erbaute Schuhhaus, daran schließt sich das eben in Vollendung begriffene Vorder- und Hinterhaus Kramgasse 2. Sanitär-Steinle (in den 70er Jahren durch einen Neubau ersetzt) an. Links darüber erkennt man mit Gerüststangen die Baustelle der dann 1949 eröffneten Löwen-Apotheke.

Die Kramgasse und der nördliche Marktplatz einerseits und die Lange Straße (Nordspur der Neuen Straße) lassen sich hier aus der Höhe als stark versetzte und verkröpfte Kreuzung erkennen.

Das schmale Geviert rechts der Kramgasse bis zur Stubengasse (das im Schutt auslaufende Wegchen wurde beim Wiederaufbau aufgegeben) füllt die namengebende "Obere Stube". Sie war bis 1803 das Gesellschaftshaus des Patriziats, ein vor 1376 entstandenes mittelalterliches Fachwerkhaus, das zu diesem Zweck vom Patriziat erworben und 1584 einschneidend von Peter Bacher im Renaissancestil umgestaltet wurde (Wartb 50; Pfl I, 62; II, 55, 58).

82 Ostblick im gotischen Rückgebäude Münsterplatz 32/2 (heute Wienerwald).

83 Ausblick vom südlichen Münsterchorturm auf den heutigen Kreuzungsraum Kramgasse/Marktplatz um 1948.

84 Skizze des Westtrakts der "Oberen Stube".

Hinter dem Gebäude teilte sich das Anwesen in zwei Trakte beiderseits eines Innenhofs, in einen höheren, ebenfalls mittelalterlichen Osttrakt an der Kramgasse und den Westtrakt an der Stubengasse. Die Zeichnung des Verfassers aus dem Jahre 1949 (Bild 84) zeigt die Ruine des Westtraktes mit um 1877 angefügter Neurenaissance-Treppe.

Vor der Rathausnordfront, durch die Sattlergasse (heutige Südspur der Neuen Straße) getrennt zeigt sich ein zu Ruinen gewordener Baublock, der dann ganz in die Freifläche der Neuen Straße fiel, ebenso wie der rechts folgende Hauptwachplatz.

Das Rathaus steht unter Behelfsdächern, dahinter der Metzgerturm und links davon in die Donau einschneidend das Stadtbad. Hinten links zwischen der Herdbruckerstraße sowie Marktplatz und Schelergasse die erhalten gebliebene Häusergruppe bis zur Donaustraße.

In der linken oberen Bildhälfte sind an der Taubengasse (heutige Südspur der Neuen Straße) die weitläufigen Museumsbauten zu erkennen. Gleich hinter dem Kiechelhaus steht als abgedecktes Dachstuhlgerippe das später abgebrochene "Maurerhaus" Schelergasse 1 (Wartb 52). Wieder rechts davon am Ochsengässle der Giebel Schelergasse 6 mit Braukamin. Über dem Kiechelhaus ist noch der u-förmige renaissancezeitliche Großbürgerbau an der Ecke Donaustraße 8 zu sehen, dann, früh wiederhergestellt, der staatliche "Reichenauer Hof".

Vor dem Museum steht noch die später der Neuen Straße gewichene gotische Steinhausruine Lange Str. 14 (Bilder 86, 87) und rechts daneben das zweigeschossig wiederaufgebaute Haus der Bäckerei Martin. Da dieses Haus so lange und zuletzt auf weiter Flur der Abräumung der Neuen Straße trotzte, nannte man es (nach Ludwig Ganghofers Roman) die "Martinsklause". Die hier noch weit nördlich davon durch die Lange Straße fahrende Straßenbahn quälte sich zuletzt auf südwärts verlegter neuer Spur engstens daran vorbei.

85: Mitten auf dem westlich von der Hauptwache begrenzten Platz wurde 1899 der von Stadtbaumeister Romann entworfene und von Schlosser Mayer (Ulm) in einjähriger Arbeit ausgeführte Musikpavillon aufgestellt. Der erhalten gebliebene Pavillon wurde, da nicht zeitgemäß, 1953 verschrottet. Nur einige Geländerstücke haben in Privathand überdauert.

Das Rathaus war bis auf die Massivdecken des jeweiligen Flügels ausgebrannt, im Nordflügel von 1540 bis aufs Erdgeschoßgewölbe, der erst um 1900 erstellte Westflügel rechts blieb als mit erhaltenen Decken ausgebrannter Massivbau leichter wiederausbaubar.

85 Blick nach Südost über den einstigen Hauptwachplatz.

86: Die Vordergrund-Mitte beherrscht das gotische Steinhaus Lange Str. 14 (Eigentümer 1801 Daniel v. Ponikau, zuletzt Hausrat-Künkele). Zum Vorderhaus parallel steht das kleinere Hinterhaus. Ersteres zeigt symmetrisch geordnete, schmale, spitzbogige Bühnenfenster. Ihre Enge mochte wohl unter die im Ulmer Baurecht erwähnten "Schränze" für Licht und Luft der Bühnen fallen. Links ist gegen den einst nördlich viel weiterreichenden Marktplatz der Wiederaufbau der "Martinsklause" erkennbar.

87: Die Lange Straße bestand zu einem erheblichen Teil aus traufständigen, langen, aneinandergereihten, im Kern mittelalterlichen Patrizier- oder sonstigen Großbürgerhäusern. Zudem teilweise noch im 19. Jahrhundert prosaisierend überarbeitet, bot sie so leider Vedutenzeichnern und Fotografen kaum malerischen altdeutschen Reiz und ist deswegen wenig abgebildet worden. In Erkenntnis der beträchtlichen stadt- und baugeschichtlichen Bedeutung entstand dieses Bild kurz vor der Wegplanierung (UTrü 27, 42, 91; Pfl II, 1).

86 Blick um 1948 vom Kiechelhaus des Museums.

Auf der linken südlichen Straßenseite im Hintergrund der Ostgiebel des Hauses 14 (Bild 86). Herwärts die Totalzerstörungslücke des Anwesens Nr. 16 (1801 Besserer). Auf diese Lücke folgt links die Ruine Lange Str. 18, wohl bis 1784 ein v. Schermar'sches Haus, dessen wohl im 18./19. Jahrhundert regularitätsbeflissen umbefensterte Straßenfassade nach dem Leerbrand 1944 noch stand (UTrü 91).

Rechts auf der Nordseite der Lange Straße die Ruine des Hauses Nr. 27. An der von innen zu sehenden westlichen Brandmauer sind typisch mittelalterlich ihr Kalkbruchsteinaufbau und die sich stufenweise nach oben verjüngende Mittelstützrippe, die oben in einen Wetterfahnenpfeiler ("Fahnenhäusle") ausläuft.

87 Westblick durch die ehemalige Lange Straße östlich der Kramgasse.

88 Blick von der Ecke Frauenstraße westwärts um 1948.

88: Mit Bagger (Greifarm sichtbar) ist hier die Entschuttung im Gang. Hinter den hohen Schuttbergen erkennt man vor dem Münster das Dach des Schuhhauses. Rechts davon folgen die Hinter- oder Südseiten Schuhhausgasse 4 sowie Judenhof 11 und 10.

89: Vor der weitgehend unzerstörten Partie der Hafengassen-Häuser liegt das zerstörte und entschuttete Eckgrundstück des einstigen Gasthaus "Biber" (UTrü 61).

Die Ecke zur Frauenstraße bildet das 1577 für den Patrizier Ehinger gebaute Haus Frauenstraße 19. Auf der Frauenstraße folgt diesem Haus, in drastischer Verkürzung, das Nübling-Schnellpost-Haus Frauenstraße 21, einst ein in Eichenfachwerk gebautes Ehinger'sches Herrschaftshaus, das Ende der 60er Jahre einem Neubau geopfert wurde.

Vor dem Haus Frauenstraße 19 ein Pferdefuhrwerk. Bis in die 50er-Jahre hinein erfolgte die Warenanlieferung vom Bahnhof mit dem Expreßgut-Pferdefuhrwerk.

89 Blick von der Nordostseite der Frauenstraße auf die Hafengasse um 1948.

90 Blick vom Nordende der Grünhofgasse über Trümmer der Frauenstraße-Ostseite bei der Sammlungsgasse.

91 Blick von der Dachplattform des Nübling-Schnellpost-Hauses nach Süd.

90: Links sieht man die Südfront des Hauses Frauenstraße 19. Dessen Ostseite wird verdeckt vom nördlich der Sammlungsgasse stehenden Eckgebäude Frauenstraße 24, der einstigen "Sammlung" (heute Neubau mit Heimtextilien Beck und Sanitär-Gaiser).

Rechts an der rückwärtigen Seite erkennt man die bedeutende Länge des mittelalterlichen Stiftsgebäudes, das zuletzt evangelische Pfarrwohnungen enthielt. Das niedere Rückgebäude rechts war angebaut an die Turnhalle der rechts oben als Ruine hereinsehenden, 1875 von Stadtbaumeister Schmid im ehemaligen Sammlungsgarten an der Steingasse erbauten Mädchenschule.

91: Auf der linken Seite sieht man in die große Ruine der aus dem 14. Jahrhundert stammenden "Sammlung" (Wartb 61). Über der Hinterfront der "Sammlung" die hellen Umfassungswände und der Südgiebel der Turnhalle, darüber aber dunkel die hofseitige Wand des viergeschossigen östlichen Haupttrakts der "Sammlungsschule".

Unmittelbar rechts in mittlerer Höhe der Schulruine ist der gotische Spitalstadel (Bild 103) zu sehen; dann etwa mittig Schulruine und Dreifaltigkeitskirche hochragend die Ruine des s. g. Krafftschen Hauses Steingasse 2 (UTrü 101).

Hinter dem Ruinenfeld die frontale Ansicht der Dreifaltigkeitskirche. Rechts der Kirche das Rückgebäude Frauenstraße 2 (heute Wasserwirtschaftsamt) mit luftkriegsabgedecktem Dachstuhl. Rechts davon zeigt sich vorn das helle Zementbiberdach des Teilaufbaus Kunsthaus Goebel, darüber mit Mansarddach das Haus Schirm-Goebel.

Links davon im Durchblickseinschnitt der "Reichenauer Hof" und davor der notdachgedeckte ehemalige Ochsenhäuser Pfleghof (heute Universitätsverwaltung).

92-94: Man sieht auf die intakten Häuser Judenhof 11 (links) und Schuhhausgasse 4 (rechts). Die Westwand der Ruine des renaissancezeitlichen Großbürgerhauses Schuhhausgasse 3 war an das mittelalterliche Haus Judenhof 1 angebaut. Man sieht noch, daß dessen Rückfassade vollständig mit Putzquaderzeichnungen, in der Art des Kornhauses, auf hellem Grund versehen war. Erhalten ist noch der Durchfahrttorbogen und die Reste des gewölbten EG (Bilder 92, 93). Ein reizvolles Innendetail ist auch auf Bild 94 zu sehen: Je eine reliefstuckierte Engelfigur in bewegt schwingendem langen Gewand über jedem der drei kantenrunden Wandarkadenpfeiler an der Ostwand des 1. OG. Dieses Großbürgerhaus bewohnten im 19. Jahrhundert ständig hohe Justizbeamte (heute Musikhaus Reisser).

92 Blick nach Süd durch die Ruine Schuhhausgasse 3.

93 Durchfahrtsbogen von Haus Schuhhausgasse 3.

94 Detail im Haus Schuhhausgasse 3.

95 Blick über den Judenhof nach West.

95: Kurios ist diese Aufnahme über den Judenhof gegen den Münsterchor. Vor dem malerischen Nebenhaus von Judenhof 1 (16. Jahrh.) liegen zwar Trümmer, doch ganz rechts die geputzten, aus Ruinen gewonnenen Backsteine und geschichtete Hohlblocksteine sind offenbar für einen der mehreren frühen Wiederaufbaufälle an der Nordseite des Judenhofs bereitgelegt. Unter der Münsterchormitte steht das wiederaufgebaute Haus der Metzgerei Koch (heute Musikhaus Reisser), rechts davon eine alleinstehende Ruine, später wiederaufgebaut als Bäckerei Erz (heute Holzspielwaren).

96: Das Münsterhochschiffdach trägt noch die farbigglasierte Deckung des späten 19. Jahrhunderts. Die Durchlöcherung der Münsterdächer durch Brandbomben ist repariert und nur noch als leichte Störung des Musters erkennbar.

Links des linken Münsterchorturms ist die erhaltene Altstadtgruppe Hafengasse/Engelgasse (mit fehlender Ostseite Bild 109) zu erkennen. Hinter den Gartenbäumen des "Kornhauskeller" ragt das Postamt 2 hervor, rechts daneben das Renaissancehaus Frauenstraße 19/Ecke Hafengasse (Bild 90).
Im Anschluß nach Osten hinter der "Sammlung" ist die Sammlungsschul-Ruine bereits entfernt und zwei neue Häuser sind entstanden, über Bäumen zu erkennen das Haus Mürdel Ecke Stein-/Sammlungsgasse. Rechts vom 1945 ausgebrannten Gänsturm steht der teilerhaltene Gänstorblock.

96 Blick vom Münsterturm auf die östliche Altstadt um 1949/50.

Links des linken Chorturmhelms über die Vernichtunszone der Frauenstraße hinweg zeigt sich der weniger zerstörte Altstadtbereich "Kreuz". Ganz hinten die Pionierkaserne noch vor Aufsetzung des Glas-Schulstockwerks 1951.

Rechts in halber Höhe des rechten Chorturms steht einsam die Ruine des Spitalmeisterhauses, das dann 1954 abgetragen wurde. Rechts davon die Bauschuttverwertungsanlage im Spitalhof. Über die abgeräumten Flächen nach unten erkennt man die Frauenstraße und ganz unten rechts die erhaltene Gruppe Judenhof 10 und 11 bis Schuhhaus.

97 Blick nach Südost auf die Nordseite Frauenstraße 2.

97: An diesem Platz, Frauenstraße 4, stand die Petrus-Kapelle. Sie wurde 1531 nach Einführung der Reformation geschlossen und 1583 zugunsten eines Privathauses abgebrochen. Durch dessen Kriegszerstörung wurden für kurze Zeit an der nördlichen Brandmauer des Steinhauses Frauenstraße 2 (Pfleghof des Klosters Salem) die Gewölbefenster der Kapelle sichtbar.

98: Im Vordergrund die Trümmer der Gebäude der Donaustraßen-Ostseite mit dem Gleis der Entschuttungsbahn (hier seit 1986 städtisches Verwaltungsgebäude).

Die rechte Bildhälfte zeigt das romanische Steinhaus, wie es vor seiner Restaurierung in den 70er Jahren stand. Links an das Steinhaus anschließend folgt die Gebäudegruppe des Café Gindele. Der steildachige Pultdachbau wurde bei der Sanierung und neuordnen-

98 Blick von der Donaustraße 8 nach Nordost auf "Gindele" und romanisches Steinhaus.

den Ergänzung der Gruppe erhalten, erhöht und westlich erweitert. Am gleichaltrigen linksschauenden Giebelbau von 1597 wurde die heute die Neue Straße mitprägende Putzquaderfassade restauriert.

Neben seinem Ostgiebel sieht ein kleines Stück des mit Giebel zur Neuen Straße stehenden Gindele-Vorderhauses hervor, das in den 70er Jahren zur erforderlichen Verbreiterung der Straße unter Rückwärtsübertragung der Originalfassade beträchtlich verkürzt wurde. Viele Jahre stand ein Totalabbruch der Gruppe im Raum, der aber aufgrund der Interventionen des Vereins Alt-Ulm und einer Anschauungswende verhindert werden konnte.

99: Der Bau der Dreifaltigkeitskirche geht auf die Prediger oder Dominikaner zurück, die hier 1281 ihr Kloster gründeten. Im Bild zu sehen ist der jüngste Teil der damaligen Klosterkirche, der 1321 geweihte Chor. Nach der Reformation zerfiel vor allem das Kirchenschiff. 1617/21 wurde sie zur evangelischen Dreifaltigkeitskirche ausgebaut, als Chor wurde der hochgotische Chor der Predigerkirche beibehalten.

Leider wurde versäumt, das großenteils noch erhaltene Gewölbe der gotischen Chorruine nach der Kriegszerstörung zu sichern, vielmehr wurde dieses später vorsorglich zum Einsturz gebracht.

Auf dem ausgebrannten Turm liegt die zusammengesunkene Kupferblechmasse der frühbarocken Zwiebelhaube. An den Chor schließt links Richtung Donau das im 17. Jahrhundert neugebaute Gebäude Adlerbastei 3 an, das grundrißgleich mit dem einstigen Predigerkloster-Ostflügel ist und von diesem wohl noch alte Außenwandpartien übernommen hat.

100: Es ist heute nur noch schwer vorstellbar, daß auf dem Parkplatz zwischen der Dreifaltigkeitskirche und dem Ochsenhauser Hof seit 1772 einer der wenigen Ulmer Barockbauten stand (Pfl I, 68).

An Stelle einer Reiterkaserne ließ Carl Friedrich von Hailbronner dieses Haus für seinen Sohn bauen. Ursprünglich waren die Seitenflügel nur eingeschossig, wurden jedoch 1808 zur Wohnung für hohe Landesbeamte auf zwei Geschosse erhöht. Dabei wurde die Vorderfront an die Ostseite verlegt, wo das Haus eine noble Auffahrtsrampe mit klassizistischem Geländer erhielt. Dieses rollte unten an jedem Ende zu einer Schnecke ein.

Vor der Zerstörung hat sich fast jedes Ulmer Kind einmal in eine dieser sich spiral verengenden Schnecken bis zum "geht nicht mehr" hineinzuzwängen versucht. Die wiederausbaufähige und - würdige Ruine wurde im Winter 1954 abgetragen.

99 Blick aus den Ruinen des Spitals auf die Dreifaltigkeitskirche.

101: Östlich der Dreifaltigkeitskirche dehnte sich bis ans Westende der Baurengasse das schon 1240 bestehende Heiliggeistspital aus. Seine Ruinen sind hier bis auf die des noch verbliebenen Spitalmeisterhauses niedergelegt.

Der Blick geht von der Dreifaltigkeitskirche nach Nordost gegen den Gänsturm durch den Spitalhof, der der Kippwagenzug-Anlieferung von Trümmerschutt und dessen Aufbereitung zu Zementbausteinen dient. Links neben dem Gänsturm sieht man herwärts das wiederüberdachte Haus Baurengasse 1, einst Ochsenstadel des Spitals.

Links am Bildrand das Spitalmeisterhaus (Bild 96). Der im Kern gotische Bau enthielt im 1. OG einen gewölbten Kapellenraum mit 1954 geborgenen (heute im Museum) Fresken, Erdgeschoßgewölbesäulen und Ornamentmalerei der Renaissance.

100 Kreisregierungsgebäude Grüner Hof 5.

101 Spitalmeisterhaus und Schuttverwertungsanlage.

102: Hinter den Ruinen Häuser an der Frauenstraße, das wiederaufgebaute Haus Frauenstraße 8 (Kunsthaus Goebel) und das Rückgebäude Frauenstraße 2 (heute Wasserwirtschaftsamt) mit wiederhergestellter Dachdeckung.

103: Das nicht mehr erhaltene einzige Rokokohaus Ulms, Bockgasse 4 an der Steingasse, ließ 1779 Johann (oder Hans) Jakob Conradie in der Steingasse, um die Ecke anstoßend an sein noch erhaltenes schmales, langes Vorderhaus Bockgasse 4 in einen Garten bauen.

Entsprechend der späteren Entstehungszeit traten im Fassadendekor auch schon frühklassizistische Ornamente neben lebhaft schäumende Rocaillen. Man ist versucht an Joseph Dossenberger als Schöpfer des Rokokohauses zu denken. Vergleiche mit anderen Werken dieses Meisters sowie seine aus dem Farbenhandel stammenden wahrscheinlichen Geschäftsbeziehungen mit dem Bauherrn geben einige Hinweise dazu.

Das Haus brannte 1944 aus. Die Fassade mit der Stuccatur blieb noch lange erhalten. Vor ihrem Abbruch 1955 wurden noch Abformungen der Stuckornamente hergestellt sowie dieses Foto im Auftrag des Verfassers.

102 Blick nach West auf Ruinen zwischen Steingasse und Grünhofgasse um 1948.

103 Portal des Rokokohauses in der Steingasse.

104: Das Bild zeigt den bemerkenswerten und rettbaren mittelalterlichen Stadelbau Steingasse 8 mit unterhalb der Traufe durchlaufendem Formbackstein-Lilienfries. Dieser war einst der Gurrenhof, d. h. Stutenhof des Spitals (Pfl I, 75) und ab Mitte des 19. Jahrhunderts Sommerschranne und Teil der östlich anschließenden Markthallen.

Im Bild sind im ausgebrannten Inneren hölzerne Behelfsbauten auszumachen. Ganz links über dem LKW erkennt man etwas verblaßt das Firmenschild der Elektrofirma Mürdel. Rechts des Baus folgt teilsichtbar das Gebäude Nr. 6, die ehemalige Goldochsen-Mälzerei. Ausgedehnte Braukeller blieben hier tief unter der heute anstelle beider abgebildeter Gebäude stehenden Spitalhofschule erhalten.

104 Blick nach Ost quer zur Steingasse.

105: Links des Gartenhofes die intakt gebliebenen Häuser der Hafengasse, rechts führt die Kornhausgasse auf die Ruine des 1594 erbauten Kornhauses zu. Dieses wurde 1950 durch einen ziegelgedeckten Metalldachstuhl bis zum Ausbau als städtisches Saalgebäude 1960/61 gesichert. Rechts davon auf der Nordseite der Kornhausgasse die Ruine des einstigen Rothschen Patrizierhauses von 1551/52, das im 19. Jahrhundert in den Besitz des Tabakfabrikanten Bürglen kam und seitdem als Bürglenhof bezeichnet wurde. Die ansehnliche Ruine der noch zwei Stockwerke hoch stehenden Mauern des Vorderhauses (UTrü 59) ist hier bis auf die dreigeschossige Nordwand (Innenansicht) schon größtenteils eingerissen.

Links unten der Hof Frauenstraße 21 mit Bogenmauer und mit Trümmern des Hintergebäudes Frauenstraße 19. Rechts vorn erkennt man den Posthof des Postamt 2 mit dem noch heute erhaltenen flachgedeckten Rückgebäude.

105 Blick vom Nüblinghaus nach West über den Kornhauskeller-Garten.

Ganz oben links wird das Hafengassen-Ensemble vom neugotischen Eckhaus Hafenbad 1 (Elektro-Dörner) überragt. Rechts im Hintergrund das Justizgebäude an der Olgastraße von 1897 mit ausgebranntem westlichem Endpavillon.

106: Das hohe Vorderhaus ist bis auf ein Stück Westwand gegen das Kornhaus eingerissen und die Trümmer abgefahren. Das Bürglensche Haus war Ulms regulärstes und prachtvollstes Renaissance-Patrizierhaus. Das Ruinenbild lässt noch die Schönheit und Größe des Baus erahnen, der trotz Bürgerproteste 1951 gesprengt wurde. An seiner Stelle steht heute die Friedrich-List-Schule.

106 Bürglenhof-Ruine und Kornhaus.

107 Blick durch die bis zur Rosengasse weiterführende Breite Gasse.

107: Im Vordergrund stehen die beiden unversehrten Eckhäuser zur Kornhausgasse. Das Eckgebäude Breite Gasse 8, das 1994/95 liebevoll restauriert wurde, zeigt im EG einen Bäckerladen, der als Beispiel dienen kann für den Zustand fast aller Schaufenster gegen und nach Kriegsende bis zur Währungsreform 1948. Kriegszerstörte Schaufenster konnte man nur durch Bretter- oder Spanplattenverschlüsse ersetzen, mit Mini-Guckfenstern für das Fast-Nichts an Warenangebot.

Jenseits der Kornhausgasse zeigt die zwei Stockwerke hoch erhaltene Fassade des Bürglenhofs die schöne metallene Ulma-Statue von 1898 am abgeschrägten Eck. Sie ist heute im Arkadenhöfchen des Museums aufgestellt.

Links im Anschluß an das Kornhaus folgt, auf der heutigen Fläche des freien Platzes, die Ruine der schon 1597 existierenden Wirtschaft "Weißes Roß", bestehend aus zwei zur Breite Gasse giebelständigen Häusern mit zwischenliegendem Hof (Pfl I, 65; Wartb 57).

108: Das Gebäude besaß nach Westen einen bemerkenswerten steinernen Treppengiebel des 14. Jahrhunderts. Das gleiche Alter dürfte in seinem Kern das ganze hier abgebildete Steingebäude gehabt haben. Auf diesem Bild ist beiderseits der Ruine die Westwand des Bürglenhofs im Hintergrund zu sehen. Der nördliche seiner beiden Westseiten-Flacherker ist links außerhalb der Ruine auszumachen.

108 Ruine der Wirtschaft "Weißes Roß".

109: Hier ist im Blick nach Nordost ins aufgerissene Blockinnere hinein der Abbruch des Hauses Kornhausplatz 4 in Vorbereitung des Wiederaufbaus im Gang. Eine Bauhütte der Firma Rapp steht hinter dem aufgeschichteten Abbruchmaterial. Darüber links die Südwesteckpartie des Kornhauses. Bei den erhalten gebliebenen Häusern fällt beim Vorderhaus von Kornhausplatz 6, das durch den Abbruch des Wolff'schen Eckhauses seitenwandlos geworden ist, das angeblattete Fachwerk am 2. OG auf.

109 Ensemble im Block Hafengasse/Engelgasse/Kornhausplatz.

110: Wo heute Sportplatz und -halle des Humboldt- und Keplergymnasiums stehen, erbaute 1878 Stadtbaumeister Schmid das Gymnasium. Das römischem Vorbild folgende Sandsteinportal rechts überdauerte den Abbruch der Ruine noch etwas. Hoch darüber Blick in die repräsentative Aula. Links folgt auf die Abzweigung Karl-Schefold-Straße die Ruine des um 1900 erbauten "Palais Hellmann", heute Platz des Justizhochhauses.

110 Das Gymnasium an der Olgastraße.

111 Luftaufnahme der westlichen "Neustadt" vom 8. Mai 1945.

112 Blick vom Ostpavillon des Justizgebäudes nach Ost.

111: Diese US-Luftaufnahme hält die schwere Zerstörung der westlichen "Neustadt" fest. Unten führt schräg durchs Bild die östliche Auffahrt der alten Blaubeurertorbrücke. Links davon liegen teils ausgebrannte, teils noch erhaltene Einsenbahnerwohnblöcke. Rechts wird die Brückenrampe von Ruinen der Nordseite der Zeitblomstraße begleitet, darunter nahe der Bildmitte mit Giebeln die "Herberge zur Heimat".

Von der Mitte des linken Bildrandes, mit dem erhaltenen schönen Gelbbackstein-Eckhaus Wildstraße, zieht die Neutorstraße durchweg durch Ruinen quer, die Zeitblomstraße ebenfalls mit fast ausschließlich ausgebrannten Ruinen kreuzend. Diese mündet dann an der Ensingerstraße in den Baumbestand des Karlsplatzes. Von dort nach rechts bis hin zur Olgastraße finden sich fast nur Ruinen.

112: Links führt parallel zur, mit wenigen Ausnahmen unzerstörten Heimstraße, die Frauengraben-Stadtmauer mit der Grabenhäuserreihe, deren assymetrische Dächer auszumachen sind, in Richtung Frauenstraße hin. Die südlich davon entlang führende Straße Frauengraben säumen Ruinen. Das hohe Haus vorn wurde wiederaufgebaut. Weiter hinten ist der Wiederaufbau des Hauses Eier-Köpf fast abgeschlossen.

Unten ist querlaufend das Hafenbad bis zur Rosengasse sichtbar. Herwärts links die Trümmerstätte des einst hochragenden Renaissance-"Schlössles" der Weickmann (Pfl I, 96). Rechts daneben liegen die Ruinen des "Dreikannen"-Komplexes (Bild 113).

Die Rosengasse zieht sich, beiderseits von Ruinen gesäumt, hin zur Frauenstraße mit hohem Giebel Nr. 50. Rechts davon beginnt mit beschattetem Giebel die lange, winkelförmige Anlage der in den 1870er Jahren in alt-ulmischen Stadelbau-Formen erbauten, sichtbacksteinernen ehem. Bürglen'schen Tabakstädel.

Der Stadelfassade steht an der Breite Gasse die Ruine der Wirtschaft und Brauerei (Schornstein) "Zur Breite" gegenüber. Ganz rechts im Schatten mit hellen Fenstern die Nordfront der Bürglenhof-Anlage.

113: Ganz im Vordergrund die Wirtschaft "Drei Kannen". Diese Wirtschaft und Brauerei hat sich Mitte des 19. Jahrhunderts in einem Weickmann'schen Haus und Garten etabliert. Unzerstört blieb 1944 nur ganz rechts die Ende des 17. Jahrhunderts entstandene zweigeschossige Gartenloggia in Holzarchitektur mit hervorragenden Stuckdecken. Links die kaminüberhöhte Ruine des um 1842 entstandenen Brauhauses. Von ihm geht südlich ein bald nach 1945 behelfsmäßig wiederüberdachter, z. Tl. mit altertümlichem Renaissance-Wandtäfer geschmackvoll als Gaststätte wiederausgestatteter Ruinentrakt aus. Davor eine erhalten gebliebene Pergola gegen den Wirtsgarten.

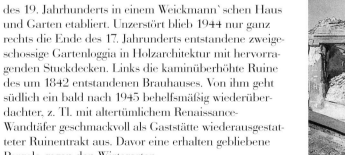

113 Blick vom Ostpavillon des Justizgebäudes nach Südost.

114 Detail der Hafenbad-Ruinenlandschaft.

Schräg rechts aufwärts folgt das Ruinengelände westlich des Hafenbads bis zur Herrenkellergasse mit den zerstörten Häusern Höhn und Eckhaus Krieg links.

Gegenüber auf der Ostseite des Hafenbads die Ruine der ehem. Malzfabrik Winkler mit Schornsteinen und hoher südlicher Stadelwand.

114: Nur noch erdgeschoßhoch, mit den riesigen, später eingerissenen Schaufenstern ist die Ruine Hafenbad 16 erhalten. Das zerstörte Gebäude war ein sehr langes, stattliches, traufständiges Großbürgerhaus der 2. Hälfte des 16. Jahrhunderts (Erdgeschoßgewölbe: Pfl II, 24; Gesamtgestalt: Pfl II, 30). Eine über der abgebildeten Ladentür erkennbare Gedenktafel ging wohl von einer mit 1510 viel zu früh angesetzten Erbauungszeit aus.

115: Auf der Ostseite folgt dem in Bild 114 gezeigten Haus das total zerstörte Haus Nr. 14 und dann, nicht ganz bis zur Ecke Bärengasse das mächtige Steinhaus mit Torbogen links, bis 1810 Pfarrkirchenbaupflegeamt (Kirchen- und Schulbehörde der Reichsstadt) und seit dem 19. Jahrhundert zur Malzfabrik Winkler gehörend (Wartb 56; UTrü 96).

Auf der Westseite des Hafenbads folgt auf die Ruinenlücke fluchtrückverlegt und sehr früh wiederaufgebaut die Nr. 15.

116: Links vorn die Ruine des Jugendstil-Eckhauses Hafenbad 21, Seifen-Krieg, gefolgt von der ausgedehnten Ruine Höhn. An der Stelle der auf der Nordseite gestandenen enggereihten Folge kleiner ehemaligen Handwerkerhäuser (im Kern Fachwerk) liegt bis zur Krebsgasse hin nur noch ein Trümmerwall. Ganz im Hintergrund ist der First des Büchsenstadels zu erkennen.

115 Blick nach Süd durch das Hafenbad um 1946/47.

116 Blick in die Herrenkellergasse nach West.

117: Hinter den westlichen Frauenstraßen-Ruinen am unteren Bildrand hat die Firma Bantleon (Minerlöle und Treibstoffe) einen zwischen 1828 und 1870 von der Gaststätte und Brauerei "Rose" im Geviertinneren erbauten, 1944 ausgebrannten Stadel in erhaltenen Wänden mit neuer Stockwerkseinteilung und neueingebrochenen Fenstern wiederaufgebaut. Diese Art der Wiedernutzbarmachung ausgebrannter, noch stabiler Mauerbauten ist eines der damaligen vielen Beispiele, die es vor allem in der Neustadt nördlich der Olgastraße gab.

Links aufwärts der Frauenstraße entlang erhebt sich nach ganz zerstörten Häusern der mittelalterliche Südbrandmauergiebel von Nr. 41. Rechts davon das herrschaftliche Renaissance-Hinterhaus von Nr. 39 mit westlichem Breitfronterker (Pfl I, 54; Bilder 108, 119). Ganz im Hintergrund ist noch der Erker und das hohe Dach des Postamt 2 zu erkennen.

117 Blick vom Giebel Frauenstraße 50 nach Süd durch die Frauenstraße um 1947/48.

118: Links der wiederaufgebaute Bantleon-Stadel. Rechts der Mitte kommt aus dem Hintergrund vom Hafenbad her die Rosengasse, die ursprünglich in halber Bildhöhe hakenförmig nach rechts abknickte und versetzt in die Frauenstraße mündete. Heute ist sie der von hinten kommenden Linie entsprechend geradegestreckt in die Frauenstraße durchgezogen.

Hinter dem Bantleon-Stadel das Nordende des Bürglen-Tabakstadel-Osttraktes, der bis an die Rosengasse reichte (Davor heute die Abzweigung der neu angelegten Greifengasse). Am unteren Bildrand ganz rechts die Ruine der straßennamengebenden Wirtschaft "Rose".

In der Bildmitte, gegenüber dem Bürglen-Stadel, ein wiederaufgebautes Haus beim einstigen total zerstörten Schermarhof. Davor, verkantet, türmchenartig das absolut grundflächenkleinste Ulmer (zugeputzte) Fachwerkhaus Rosengasse 29, das deswegen vom Volksmund der Nachkriegszeit zuweilen auch "der Lichtenstein" bezeichnet wurde.

Rechts am Bildrand folgt die größenteils im Kern noch mittelalterliche Fachwerkhäusergruppe zwischen Rosengasse und Frauengraben. Der "Lichtenstein" wurde 1983, die übrigen Häuser der Gruppe 1989 wegen des lang festgelegten Parkgaragenprojekts an dieser Stelle abgebrochen, das schließlich vom

118 Blick von Frauenstraße 50 nach West (Rosengasse).

Drogeriemarkt Müller als Tiefgarage mit darauf stehenden neuen Häusern realisiert wurde.

119: Das Bild zeigt vorn die Trümmer der Frauenstraße 38, dahinter den behelfsmäßigen Wiederaufbau der Ruine Nr. 40 (Wirtschaft "Malkasten" mit Säulen an Südfront). Beide zusammen bildeten das um 1600 erbaute "Dreigiebelhaus" (Pfl I, 84; UBC 2, 33), einen einheitlichen großbürgerlichen Renaissance-Doppelhausbau von zwei gleichen Hälften.

Ganz rechts über den Hütten der Baustelle steht die Hinterfront des "Hahnen" (heute "Alexis Sorbas"), links gefolgt von Ruinen der südlichen und nördlichen Ecke Hahnengasse. Nördlich entlang der Frauenstraße erhalten gebliebene Häuser und das hohe Dach der Nr. 50. Gegenüber an der Stelle des schmalen hellen Ruinen-Streifens wurde später das Kino "Lichtburg" aufgebaut.

Die Ruine des Hauses Nr. 39 gegenüber dem "Dreigiebelhaus" gewährt einen Einblick in das Renaissance-Rückgebäude mit den Nischenbuchten des westlichen Breitfronterkers (Bild 117).

119 Blick vom erhaltenen Haus Radgasse 1 in die Frauenstraße.

120 Blick über Ruinen der östlichen Hahnengasse auf die Ruine der "Unteren Mang", den Gänsturm und erhaltene Häuser der Gideon-Bacher-Straße.

121: Das um 1600 entstandene Färbhaus der "Unteren Mang" (Pfl II, 12) lag einst gegenüber dem Ostende der Radgasse. Links die Innenseite der Südwand mit EG-Toreinfahrt und Gewölbe. Das Ensemble wird überragt vom Neurenaissancehaus Bockgasse 27. Das Gelände ist heute mit Wohnblöcken der 50er Jahre bebaut.

121 Ruine der "Unteren Mang".

122 Gartentor und Einblick zum Apothekerhaus (Griesbadgasse).

122: Zwischen den sämtlich total kriegszerstörten Häusern der östlichen Hahnengasse bestand ein Durchgang zu diesem malerischen Gartentor. Gegen das Garteninnere zeigten die Pfeilerkronen Kielbogennischen. Der Blick durch diesen Torbogen fällt auf das reizvolle, 1649 von dem Mohrenapotheker Mayer, dem Nutzer des großen Gartens, erbaute Sommerhaus, das von der Griesbadgasse etwas blockeinwärts steht.

Dieses Sommerhaus ist Ulms spätestes Gebäude, das den Wellenrandschmuck der Giebel hat, wie er seit 1551 beherrschendes Motiv war.

123: Die Ostansicht des ausgebrannten Apothekerhauses zeigt, wie jeder Giebel von einem zierlichen durchbrochenen Fahnenhäuschen mit Wetterfahne gekrönt war. Aus der südlichen Giebelwand springt ein Wendeltreppentürmchen vor. Links davon erkennt man in den Trümmern noch Reste eines angehängten zweigeschossigen Trakts mit Erdgeschoßarkaden, der umwinkelnd auch noch ein Stück der Südgartenmauer begleitete.

123 Ostansicht des Apothekerhauses.

Rechts schließen die Ruinen des Griesbades (einst Bad und Wirtschaft, Badeanstalt noch bis zur Zerstörung) an. Darüber rechts neben dem Apothekerhaus das bis heute erhaltene Seelhaus-Rückgebäude, rechts davon folgen Tormauer und Giebelruine des Seelhaus-Vorderhauses an der Griesbadgasse.

125: Es war ein bedeutender Glücksfall, daß der Architekt Rudolf Heilbronner den ausgebrannten kunstgeschichtlich wichtigen Bau wieder ausgebaut hat und seitdem bewohnt.

Links neben dem Apothekerhaus ein mittelalterliches Fachwerkhaus, das später der Einfahrt in die Quartiertiefgarage und einem Neubau weichen mußte (das Foto zeigt es als einen der letzten damals erhaltenen Fälle, in denen das frühe 19. Jahrhundert die Stockwerke solcher später überputzter Häuser mit derartigen weißen glatten Streifen einfaßte). Links die Hälfte des Hauses Nr. 7 aus dem 16. Jahrhundert.

124 Innenraum der Apothekerhaus-Ruine mit kantenrunden Ulmer Renaissance-Pfeilern.

125 Apothekerhaus im Wiederaufbau.

126: Im Vordergrund die weitgehend unzerstörten Jahrhundertwendehäuser an der Heimstraße. Rechts unten, oberhalb des Staffelgiebels des Hauses Seelengraben 8 das Seelhaus-Rückgebäude, darüber der kaum zu erkennende schmale Streifen, die griesbadseitige Seelhaus-Hofmauer und links von dieser eine Schuttfläche, die Gewölbeoberfläche des vorderen Seelhauses über dem nur der Dachstuhl abbrannte (Bild 123; Wartb 65).

Rechts vom Seelturm beginnt dann die erst im März 1945 zerstörte weitläufige Zeughausanlage. Zu erkennen ist der Giebel ihres westlichsten, einzeln vorgeschobenen Baus, der ehemaligen Zeugamtsschreiberei an der Griesbadgasse. (Zeughausgesamtanlage: Pfl II, 14; Wartb 65). Rechts seiner Giebelspitze geht die Ruine des Zeughauswestflügels von 1522 ab. Die zwei

126 Übersichtsaufnahme vom Turm der Georgskirche nach Südost.

Fachwerkobergeschosse sind verbrannt. Vom gemauerten und gewölbten EG (Bild 128; Pfl I, 76, 80) stehen noch die Umfassungswände. Das Bild zeigt die westliche Außenseite mit dem kleinmustrigen Kielbogenfries. Die Südwand steht noch drei Stockwerke hoch, von denen später noch eines abgetragen wurde, so wie auch die Gewölbereste bald endgültig fielen.

Der Löwenbau von 1667 über der Ruinenwand war unzerstört geblieben. Links zu seinen Füßen liegt der um 1600 entstandene Zeughaushof-Südtrakt, der bereits notdachgedeckt ist. Neben einem Stück unzerstört gebliebenem Zeughausnordflügel unterhalb der hochaufragenden links im Bild stehenden Heimklinik ist dieser Südflügel heute das einzige voll restaurierte Stück der Zeughausbauten.

127 Blick vom Dach des Löwenbaus auf das

128 Spätgotische Erdgeschoßhalle des Zeughaus-Westflügels.

129 Kirchenraum der Christengemeinschaft in der Renaissance-Erdgeschoßhalle des Zeughof-Südflügels.

Die jahrzehntelange Erhaltung dieses Teils als Grundlage für die 1977 erfolgte Vollrestaurierung verdankt man ausschließlich der Ingebrauchnahme und Notdachüberdeckung durch die Religionsgemeinschaft "Christengemeinschaft" (Bild 129) als kirchlichem Raum in den Renaissance-Erdgeschoßgewölben und Pfarrerwohnung.

Im Ostteil des gleichen Trakts riß man 1968 die noch immer stehenden Erdgeschoßgewölbe ein und erniedrigte die Gebäudeumfassungswände. Hier markiert die Südostecke des Zeughaushofes ein im späten 19. Jahrhundert während der Kasernennutzung angebauter Treppenturm. Von diesem geht nach links der Zeughaushofostflügel ab, dessen Wand heute noch steht, jedoch von einem Wohnbau verdeckt ist. Schräg südöstlich des Turmes ging noch ein weiterer Flügel ab. Der Ruinengiebel links vom Löwenbau war sein Abschluß. Dieser Flügel verschwand als erstes vollständig.

Oben beiderseits der Seelturmspitze verläuft die östliche reichsstädtische Befestigung (Wallrückseitengewölbe vom Kurtinenwall Gideon Bachers 1605/11). Im Hintergrund erkennt man die verwüstete Fläche des einstigen weitläufigen Pionierkasernen-Areals.

Rechts vom Löwenbau nach zwei erhaltenen Wohnhäusern am Zeughausvorhof stehen übereinander zu sehen zwei wiederüberdachte ehemalige Stallungstrakte, die im späten 19. Jahrhundert für die im Zeughaus liegenden württ. Reitertruppen (seit 1894 die Ulanen) zusätzlich gebaut wurden. Oben Neu Ulm mit Augsburger Tor.

127: In der linken Bildhälfte erkennt man zu Füßen der Heimstraße die Stadtmauer mit den 1610 erbauten Grabenhäusern des Seelengraben. Die dunkle Stadtmauer links des Zundeltors verschwindet hinter einer mit schräger Bruchkante beginnenden hellen Mauer. Diese sehr hohe Mauer (Wartb 63) friedigte das als Seuchenkrankenhaus dienende ausgedehnte Seelhaus ein (Wartb 65; Pfl II, 15).

Ein Seelhaus bestand an dieser Stelle bereits 1400. Seelhäuser wurden von Frauen des dritten Ordens des Hl. Franz vor allem als Seuchenkrankenhäuser betrieben. Die evangelisch gewordene Reichsstadt ließ dann um 1534/45 die aus zwei Gebäuden bestehende Anlage neu erbauen. Von der Seelhausanlage erkennt man noch links nahe dem Bildrand, von Baum etwas verdeckt, das zweigeschossige lange Westgebäude, das heute restauriert als Galerie dient. Parallel dazu steht vorn an der Griesbadgasse die östliche Hofmauer mit hellem Punkt des Tors und Vorderhaus-Giebelruine.

Unterhalb des Seelturms blickt man auf die Ruine der Zeugamtsschreiberei, dann rechts daneben, schräg durch das Bild die Ruine des Zeughauswestbaus (Pfl I, 76, 79, 80).

128: Von dieser spätgotischen Halle standen nach der Zerstörung außer einem Eckblock im Nordwesten bis um 1947 in der südöstlichen Ecke neben der Haupttordurchfahrt noch drei Säulen mit vier Gewölbezellen. Die Gewölberippen mit zwei Hohlkehlen pro Seite setzten sich aus etwa 34 cm langen Formbacksteingliedern zusammen. Über dem Kapitälring beider Säulen ist je noch eine Serie unterster Rippenglieder erhalten (Pfl I, 76).

130: Nach links zweigt die östliche Hahnengasse ab. Rechts im Hintergrund erkennt man das Zeughaushofportal von Peter Schmid. Das eingezäunte Areal rechts der Zeughausgasse war der Ort des Reithauses der Zeughauskaserne. Darüber ein ehemaliges Stallgebäude.

Links des Zeughausvorhofes das weitläufige blockinnere Gartenareal, zur Hahnengasse ruinengesäumt. Über der höheren, in der Bildmitte befindlichen Ruinengruppe ist das Apotheker-Gartenhaus auszumachen. Über dem Gartenhaus die Seelhausruine. Gegen den linken Bildrand gefolgt von erhaltenen Häusern der Griesbadgasse.

Unter sicherndem Notdach steht unten links ein die Zerstörung überdauernder EG-Gewölbeteil eines Fachwerkstadels, der wie das Färbhaus der "Unteren Mang" zugehörig war. Dieser, auch die "Pestkapelle" (UBC 2, 389) genannte Bauteil sollte noch 1952 erhalten werden (UBC 6, 138), doch fiel er dann merkwürdigerweise bald ein, nachdem dort eine Wohnblockbebauung beschlossen war.

130 Blick auf die Zeughausgasse.

131: Rechts nach oben zieht die Gideon-Bacher-Straße. Sie wurde 1911 als Verbindung der bis dahin an der Griesbadgasse endenden Bockgasse zur "Neuen Donaubrücke" (Gänstorbrücke) gebaut und mit neueren Wohnbauten, so auch den beiden Arkadenhäusern an der Ecke, gefaßt.

An der Stelle des rechten Arkadenhauses, und weit nach Westen sowie rechts weit über die Straße ausgreifend, war ursprünglich der "Mönchshof" gelegen. Sitz des hier 1237 gegründeten Klarissenklosters bis zu seiner Verlegung nach Söflingen, 1258, und auch weiterhin bis 1553 dessen Besitz.

Die Baurengasse ist bis auf die Wirtschaft "Schwarze Henne" in der Bildmitte weitgehend zerstört. Am hinteren Westende tritt noch der einstige Ochsenstadel des Spitals hinzu, der sich hier als Lagergebäude, mit Notdach versehen, für Altmetallhandel zeigt.

Über dem rechten Arkadenhaus links ein Haus der Turmgasse, und mit zwei dunklen Luken eines der "Höll". Darüber noch ein helles, heute einziges erhaltenes altstädtisches Haus der Glasgasse.

131 Blick auf die Kreuzung Gideon-Bacher-Straße/Zeughausgasse/Baurengasse.

132 Luftaufnahme des Gebietes Zeughaus/Pionierkaserne vom 8. Mai 1945.

132: Unten links Teilansicht des Zeughauses (Bild 125) und über der waagrecht darauf zulaufenden Zeughausgasse die Stallungsbauten der Zeughauskaserne. Darüber die Wohnblockruinen der Basteistraße, des ihr gegen die Gänstorbrücke vorgelagerten Bismarckblocks und der von links einlaufenden Münchner Straße. Spitz von dieser gabelt die östliche Basteistraße zur links zu erkennenden Pionier-Defensivkaserne der Unteren Donaubastion ab. Rechts davon, im Pionier-Kasernenhofarreal zertrümmerte Ruinen (heute Maritim und Saalbau).

Auf der anderen Seite der Donau erkennt man innerhalb des Glacisgehölzes das Offizierskasino (heute Gaststätte) und rechts davon den unteren Donauanschluß der Neu Ulmer Festungs-Umwallung mit Donaublockhaus, seitlicher Schartenmauer und Wallkörper, in dem rechts das Augsburger Tor zu denken ist. Darüber türmchengekrönt die Zentralschule.

133: Von links führt vor dem EWU (heute SWU)-Gebäude die Straße Am Zundeltor auf den Platz. Das zur Olgastraße stehende linke kriegszerstörte Eckhaus wurde abgetragen.

Die 1908 in Neubarockformen erbaute Zundeltorapotheke rechts an der Ecke Olgastraße/König-Wilhelm-Straße wurde in den 50er Jahren durch einen heute als Kulturdenkmal eingestuften modernen, frontvorgewölbten Bau ersetzt.

133 Berliner Platz (heute Willy-Brandt-Platz) um 1948.

134 Gänstor-Behelfsbrücke mit Kässbohrer Obus um 1947.

134: Als erste ihrer Art in Deutschland seit Kriegsende wurde am 24.5.1947 die elektrische Oberleitungsbuslinie ("Obus") Ulm/Neu Ulm dem Verkehr übergeben. Hier überquert einer dieser von der Ulmer Firma Kässbohrer gebauten Obusse bei der Rückkehr von Neu Ulm die Gänstor-Behelfsbrücke. Hinter dem Fahrzeug Ruinen in Neu Ulm beiderseits Ecke Augsburger/Stegstraße, inmitten dieser Gruppe das in alten Wänden wiederaufgebaute Haus Stegstr. 2 a.

135 Neubau der Gänstorbrücke 1950.

135: Die Gänstor-Behelfsbrücke wurde sehr bald nach Kriegsende errichtet. Sie stand an der Stelle der Neuen Donaubrücke, die als erste weitere Donaubrücke neben der jahrhundertelang allein vorhandenen Herdbrücke in den Jahren 1910/13 erbaut wurde. Durch einen Luftangriff im März 1945 war bereits beim mittleren der drei Bogen die Fahrbahnbreite durch eine Sprengtrefferlücke geschmälert worden, bevor am 24.4.45 beim Rückzug die ganze Brücke von der Wehrmacht gesprengt wurde.

Die Gänstor-Behelfsbrücke aus Holz unterlag außerordentlichen Beanspruchungen. Sie war sehr lang die wichtigste Brücke in Ulm. Durch diese hohe Beanspruchung waren erhebliche Schäden entstanden, so daß im Frühjahr 1950 der Bau der neuen Einbogen-Spannbetonbrücke von 82 m Spannweite in nur neun Monaten Bauzeit abgeschlossen werden konnte.

Das Bild zeigt die Behelfsbrücke und daneben die im Bau befindliche neue Gänstorbrücke.

136 Blick von der Gänstorbrücke auf die Neu Ulmer Stegstraße.

136: In der Bildmitte die ausgebrannten Häuser der Stegstraße (UTrü 78, 79). Links im Hintergrund erkennt man die niederen zweigeschossigen Häuser der östlichen Kasernstraße. Rechts der Stegstraße noch unter Dach, jedoch sprengbomben-beschädigt, die dann nie mehr hergerichtete, sondern später abgebrochene ufernahe Villa Donaustraße 28. Sie wurde 1914 mit schönem klassizistischem Detail vom Architekten Hermann Herrenberger für seinen Schwiegervater, den Fabrikanten Albert Römer, erbaut (UTrü 99).

137: Dieses 1865 erbaute Haus mit schlichter romantisch-klassizistischer Fassade entsprach ursprünglich mit einem nicht gebrochenen Satteldach mäßiger Neigung dem von König Ludwig I. für Neu Ulm festgelegten Baukörpertyp. Um eine geräumige Dachwohnung unterzubringen, wurde um 1910 das Dach durch ein steilwandigeres gebrochenes Mansarddach ersetzt.

137 Das Schwemmer'sche Haus Augsburger Straße 24.

Nach der Zerstörung beider Nachbarhäuser blieb das angeschlagene Haus Nr. 24 stehen. Hier sind schadhafte Fassade und Ostwand entfernt, während Stockwerkdecken und Dach bis zum Neubau der Umfassungswände abgestützt wurden.

Nicht erhalten blieb rechts die Ruine des Hauses Augsburgerstr. 28 von 1872. Ihre schmuckreiche Fassade zeigt das die 1870er Jahre beherrschende klassizierende Detail.

138: In der östlichen Augsburger Straße, gegenüber dem weit und breit allein erhalten gebliebenen Haus Nr. 43 (1860) entschuttet das Kuriosum eines nicht motor-, sondern dampfgetriebenen alten Baggers eine Ruine der Nordseite.

Rechts oben die Ruine des ausgebrannten Neurenaissance-Eckhauses Augsburger Str. 44 (1904 von P. Frank). Dieses wurde in den alten Umfassungswänden wiederhergestellt. Die beiden Häuser, deren ausgebrannte Fassaden auf der Südseite zu sehen sind, wurden 1865 von Zimmermeister Josef Stammel mit zierlichem, an den der Zwölferkaserne anklingenden Zwerchgiebel erbaut (heute Neubauten).

138 Augsburger Straße 1947.

139: Ganz links schaut ein Stück der bereits wiederhergestellten, zuvor auch schwerbeschädigten, Jugendstilhäuser der Brückenstraßen-Ostseite herein (UTrü 97, 99). Rechts davon ein schmaler Randstreifen der Stadtfassade des Augsburger Tors. Weiter rechts beherrschen die Bildmitte, mit Zwiebeltürmchen der Zentralschule darüber, die unzerstört gebliebenen Jugendstilhäuser Ecke Augsburger Straße bis in die Reuttierstraße hinein.

Am rechten Rand des beschaulichen Augsburger-Tor-Platzes steht das um 1949 auf zuvor noch unbebauter Fläche neuerbaute Möbelhaus Mayers Söhne.

139 Augsburger-Tor-Platz um 1950.

140: Links steht das erhalten gebliebene um 1913/14 erbaute Jugendstileckhaus Böck Nr. 51. Rechts davon das total zerstörte Fernsprechamt der Reichspost. Dieses wurde 1926/27 unter der Leitung des Postbaubeamten Robert Müller erbaut. Federführend für die etwa 350 Postbauten der 20er und 30er Jahre war Prof. Robert Vorhoelzer. Mit sichtbacksteingewölbter Durchfahrt, Stichbogentüren und feinen Fenstervergitterungen war auch der Neu Ulmer Bau ein charakteristisches Zeugnis für die "Postbauschule" des "erneuernden Traditionalisten" Vorhoelzer. Der Wiederaufbau etwa in der alten Gestalt erfolgte 1947/50.

Das rechts daran anschließende, zwischen 1925/29 erbaute ehem. Högg'sche Haus blieb mit seinem bemerkenswerten Art-Deco-Schmuck an Erker und Haustür erhalten. Auf einer dem Fernsprechamt gegenüber liegenden Baulücke stand lange nach 1945 Neu Ulms Post-Behelfsbaracke.

140 Blick auf die Südseite der Bahnhofstraße gegen Osten 1945.

141: Auf der Südseite liegt mit vorgelagertem Baumstreifen das Andienungsgelände des Neu Ulmer Bahnhofs. In der Bildmitte rechts sind östlich der Maximilianstraße zwei in den 1870er Jahren mit historisierenden Fassaden gebaute Häuser zu sehen. Beide waren ausgebrannt und wurden in den alten Umfassungswänden wiederaufgebaut. Das rechte davon erhielt zusätzlich einen in den frühen Nachkriegsjahren nicht seltenen Erker.

Das Haus Ecke Keplerstraße ganz rechts wurde unter Verwendung der Erdgeschoßwände wiederaufgebaut. Während zum 1. OG wohl aus der Ruine gewonnene alte Backsteine verwendet wurden, erstellte man die Aufstockung um ein 2. OG dann aus Neuen. Die hohen Einreißtrümmer in der Fortsetzung der Bahnhofstraße gehören zu den Resten der Zwölferkaserne.

142: Rechts steht an der gleichen Stelle des zerstörten wie auch des neu aufgebauten Bahnhofs die provisorische Bahnhofsbaracke. Im Hintergrund die Ruine des 1896 in Neurenaissanceformen erbauten Postgebäudes (Konr 70), die später abgetragen wurde.

141 Blick durch die Bahnhofstraße gegen Westen um 1947.

141a: Bahnhofstraße um 1947

142 Die Bahnhofsbaracke in der Bahnhofstraße 1947.

143 Neu Ulm im Luftbild nach Nordost mit Zwölferkaserne 1945.

143: Dieses US-Luftbild entstand sehr früh nach der Besetzung, denn ganz oben, Mitte, ist bereits die von den Amerikanern erstellte Gänstor-Behelfsbrücke zu sehen. Im Blick nach Nordost ist die zerstörte Osthälfte des Neu Ulmer Stadtkerns zu erkennen und darüber von Ulm die Adlerbastion, Spitalruine, Gänsturm, Zeughaus-Ruinen, Löwenbau sowie die Gänstor- und Donauwohnblöcke.

In Neu Ulm dominiert das Bild die imposante Riesenanlage der Friedens-Infanterie- oder "Zwölfer"-Kaserne (benannt nach dem darin gelegenen k.b. 12. Infanterieregiment). Sie wurde 1860/66 unter der Leitung des königl. bayr. Ingenieuroberleutnants Schreiner erbaut (Planungsgeschichte: Materialien, 187/88; Urspr. Zustand: Konr 13, 18, 46 - 49).

Der lisenen- und doppelfenstergegliederte romantisch-klassizistische Sichtbacksteinbau neugotischen Einschlags bestand aus zwei gleichen, in Endpavillons auslaufenden Trakten voller Baugeviertlänge an Bahnhofstraße (unten) und Kasernstraße (oben). Ein querlaufender Haupttrakt verband beide zur Doppel-T-Figur. Östlich desselben lag der größere Hauptkasernenhof. Seinen Abschluß gegen die östliche Maximilianstraße (rechts) bildete ein Mauerzug mit mittigem monumentalem Portalbau (Bild 145) und hofseitig angebautem eingeschossigem Arrestzellentrakt.

Den entgegengesetzten, westlichen kleineren Hof schloß gegen die Ludwigstraße (links) ein zunächst eingeschossiger Stallungstrakt, dem in den 1870er Jahren noch zwei Kasernenstockwerke aufgesetzt wurden (Bild 144). Der Trakt an der Bahnhofstraße zeigt klar seine Inneneinteilung mit Kasernenstuben und innenhofseitigen Fluren. Die gewollte Zinnenwirkung der Attikageschoßgliederung mit Blendnischen und paarigen Bühnenfensterchen hat sich an der dachlosen Ruine verdeutlicht. Links unten im aufgerissenen Südwest-Eckpavillon hebt sich der fortbestehende stabilere gewölbte Treppenhausblock ab. Die "Zwölferkasernen"-Ruine wurde etwa 1947 eingerissen.

Gegenüber an der südlichen Bahnhofstraße steht die Ruine des Postamtes (Bild 142), links daneben fehlt fast vollständig das Bahnhofsgebäude, einst Blickpunkt der Ludwigstraße (UTrü 84).

Am Nordende der Maximilianstraße an der Donau steht die Ruine des Rathauses, zuvor Offizierskasinos (Bild 153). Die Ostseite der Maximilianstraße gegenüber der Kaserne ist durchweg ausgebrannt.

An der östlichen Kasernstraße und der zu ihr querlaufenden Blumenstraße mit den für die peripheren Bezirke der ludovizianischen Gründungsstadt typischen zweigeschossigen Zeilenhäusern sind neben zerstörten auch Gruppen nur abgedeckter Häuser auszumachen, so daß manches erhalten oder wieder ausgebaut werden konnte. Darüber am Ostteil Augsburger-/Stegstraße stehen fast nur noch hohe Ruinen, von denen ein kleiner Teil wieder ausgebaut wurde (Bilder 135, 136, 137).

Ganz rechts dann der besser erhaltene Teil mit Jugendstilhäusern der Wall-, östlichen Kasern- und nördlichen Reuttierstraße.

144 Zwölferkasernen-Westtrakt längs der Ludwigstraße 1947.

144: Im Hintergrund stehen die Bäume des Gartens hinter dem einstigen Bahnhofhotel Ecke Bahnhof-/Ludwigstraße. Vorn die Ruinen des längslaufenden Zwölferkasernentrakts. Zuerst nur eingeschossig, diente das EG mit Gewölben auf eisernen Säulen als Stallung. Von ihnen kann man hier noch eine Anzahl nebst auflastenden Kämpfer- oder Gewölbeansatzblöcken sehen.

Im Vordergrund liegen große Stapel gesäuberter und aufgeschichteter, aus der eingerissenen Ruine gewonnener Backsteine für den Stadtwiederaufbau.

145: Das mit einer Büste König Maximilians II. von Bayern gekrönte monumentale Haupttor stand auf der Westseite der Maximilianstraße und im Blickpunkt der Wilhelmstraße. Dahinter sind die Ruinen des Kasernensüdflügels längs der Bahnhofstraße zu sehen. Links schließen sie ab mit dem stabileren gewölbten Treppenhausblock des Südostpavillons. Die beiderseits vom Torgebäude ausgehende Vorhofmauer ist eingerissen (noch stehend: Bild 143).

Als Auswirkung des seit der Brandzerstörung unbelebt liegenden weitläufigen Areals der Kasernenruine blieb die Maximilianstraße mit ihren zwei Reihen Kugel-Alleebäumchen länger unentschuttet und blühende Ruinenflora sproßt beiderseits des sich schlängelnden Trampelpfades.

145 Haupttor der Zwölferkaserne an der Maximilianstraße 1947.

146: Im Vordergrund der hohe Trümmerwall, den der eingerissene Nordflügel der "Zwölferkaserne" bildet. Auf einer Höhe, teils auch auf dem Gehsteig gegenüber vor den Häusern liegen Stapel aus den Trümmern aussortierter, gesäuberter Ziegel für den Stadtwiederaufbau.

Rechts das 1870 vom Geniewart Joh. Wendlinger erbaute Haus Kasernstraße 16. Es ist beschädigt erhalten geblieben und steht ohne das abgebildete Fassadendetail noch heute. Das bei den Neu Ulmer Häusern seit den 1860er Jahren häufig angewendete Zwerchhaus wurde an diesem Haus in neuerer Zeit durch einen Zwerchgiebel über ganzer Hausbreite ersetzt.

Links folgt, nach ausgedehnter Zerstörungslücke, an der Ecke Ludwigstraße, die bis heute erhaltene Gaststätte "Schiff", Kasernstraße 2 mit neuerem Mansarddach (alte Dachform: Konr 48). Jenseits der Ludwigstraße, in der Friedensstraße folgen auf das zerstörte Eckhaus (Konr 48) erhaltene Häuser bis zur Ottostraße.

146 Nordseite der Kasernstraße 1947.

147 Kasernstraße nach West 1947.

148: In der Bildmitte die Ruine (südl. Eckhaus) Gartenstraße 2, erbaut 1875. Das Haus war 1890/1900 im Besitz der Eltern des Bildhauers Edwin Scharff. Das links folgende Haus in der Gartenstraße ist hier bereits in alten Wänden wiederaufgebaut.

Links unterhalb des Münsterturms die Ruine des nördlichen Eckhauses Gartenstraße 1, ein für die Sanitätskolonne 1908 erbautes Jugendstilhaus mit Erker (Konr 39). Es wurde verändert wieder aufgebaut. Dagegen wurde ganz hinten das Haus Karlstraße 3 in alten Wänden wiederaufgebaut.

Am Straßenende geht der Blick über Ruinen nördlich der Friedensstraße hindurch bis zur Hinterseite der erhalten gebliebenen Häuser Augsburger Straße 3 und 5 (zwischen den Kirchen).

149: An der Stelle des heutigen Postamts-Areals Ecke Hermann-Köhl- und Gartenstraße hatte 1787 der Schützenwirt Habfast einen Wirtsgarten mit Kaffee- und Teewirtschaft eingerichtet. Diese statte er ein Jahr später mit einem spätbarocken Haus aus. 1797 übernahm dann die Ulmer "Gartengesellschaft", ein exklusiver Kreis gehobener Bürger, dieses Anwesen.

Während der Belagerungszeit 1800 mußte die Gesellschaft das Haus abbrechen, konnte es aber bereits ein Jahr später, mit dem gleichen, an vierzehn verschiedenen Stellen in Ulm eingelagerten Baumaterial wieder errichten. Der Gesellschaftsgarten und das schöne Haus mit feinem Saal im 1. Stock bestanden bis zur Zerstörung 1944 weiter.

Das abgebildete Aquarell von G. Lörsch ist die einzige bekannte Darstellung dieses Hauses als Ruine. Es zeigt die Westseite mit der korbbogigen Eingangstür und die klassizistische Fassadengliederung (Konr 60, 61; UBC 3, 78, 79; NUJub 117-119).

147: Der Blick geht von der Maximilianstraße auf die südliche Straßenseite der Kasernstraße. Im Hintergrund werden die beiden Häuser an der Ecke Ludwig-/Friedensstraße in erhaltenen Wänden wiederaufgebaut (Konr 48). Von dort aus links herwärts die eingerissene Ruine des "Zwölferkasernen"-Nordflügels.

Hier ist man mit Hilfe eines Lorenbähnchens dabei, den Schutt abzufahren, aus dem fleißig die intakten Backsteine gelesen und als Wiederaufbaumaterial gestapelt wurden. Aus der in Abräumung befindlichen Halde sehen jetzt schattengebend die noch stehenden hohen Ergeschoßmauern wieder heraus. Auf dem leergeräumten Platz entstanden überwiegend Wohnhäuser und der neue Bahnhofvorplatz.

148 Blick von der Bahnhofstraße nach Süd durch die völlig zerstörte Karlstraße 1947.

149 Ruine des Gesellschaftsgartens 1945.

150 Blick nach Südost über westliche Schützen-, Luitpold- und Gartenstraße am 8. Mai 1945.

150: Im unteren Bildrand die intakte Wohnhäuserzeile der Silcherstraße aus den 20er Jahren. Parallel davon oberhalb die Häuser der Schützenstraße, links beginnend an der Kreuzung Luitpoldstraße mit den zwei detailreichen, um 1898 entstanden Neurenaissance-Eckhäusern (linkes heute durch Neubau ersetzt). Von der schräg aufwärts gehenden Luitpoldstraße ist die rechte Seite fast vollständig erhalten, von der linken Seite der größere Teil zerstört. Die Häuser der nördlichen Schützenstraße scheinen überwiegend leichter beschädigt und wurden alle wiederhergerichtet.

Ganz rechts, Ecke Eckstraße, ist die Nr. 41 samt Rückgebäude vernichtet. Das zerstörte Rückgebäude des dritten Hauses von links, Nr. 29, war aus dem 1875 erbauten Saal der Wirtschaft "Stadt Berlin" 1926 zum ersten Neu Ulmer Kino "Bayernlichtspiele" ausgebaut worden. Rechts oben läuft die Eckstraße diagonal durch mit dachbeschädigten Häusern. In ihrer Fortsetzung erkennt man rechts nahe den Bahngleisen das Lagerhaus Angelmaier unter Mansarddach.

Rechts oben, hinter dem breiten Gleisbündel, das abgedeckte Dachstuhlgerippe des Geschützlafettenstadels der Bundesfestung (Konr B 4, B 3) nördlich der Turmstraße. Noch weitgehend frei von wildem Baum- und Strauchwuchs und mit seinen exakten Erdformen erhebt sich darüber der Wall der Südwestfront der Bundesfestungsumwallung. Über dem Lafettenstadel die vorbuchtende Frontmitte mit Poterne (Hohlgang) und Caponniere (Grabenwehr) Nr. 6.

Nach links reicht der Blick bis zum Wallende an der Hermann-Köhl-Straße und die durch einen Lichtstörfleck verdeckte ehem. Fußartilleriekaserne. Darüber nach rechts oben die 1938 erbaute Ludendorff-Artillerie-Kaserne (später Wiley-Barracks), bei der die Besatzungstruppen monatelang ein Hungerlager auf freiem Feld und für die Masse ohne Obdach bis auf wenige Zelte (Farbbild) für weit über 10.000 Kriegs- und andere Gefangene betrieben.

Im Stadtinneren sieht man über der Luitpoldstraße, hinten mit scharfem Schattenzug querlaufend, den Westteil der Gartenstraße mit zerstörten Gebäuden.

Herwärts davon liegt hellbeschienen uraltes Neu Ulmer Gärtnerei-Gelände mit dem daher noch schräg zum rechtwinkligen König-Ludwig-Stadtplan von 1845 anlaufenden "prä-urbanen" Grundstücksgrenzennetz. Dieses Gärtnereigelände unterbrach, wie man sieht, noch bis zur Wohnblöcke-Bebauung von 1956 den altprojektierten Durchlauf des Straßenzuges Friedens- und Eckstraße.

151: Die Häuser der westlichen Hermann-Köhl-Straße zwischen Schützen- und Friedensstraße wurden zwischen 1864 und 1876 von Maurermeister Joh. Reizele erbaut.

151 Eckhaus der Hermann-Köhl- zur Schützenstraße 1946.

Das Eckhaus zur Schützenstraße, Nr. 7, entstand 1866. Im Urentwurf setzte das Grundgerüst mit die Obergeschosse zusammenfassenden Lisenen und Bögleinfries unter dem Traufgesims sowie auf Gesimszügen stehenden OG-Fenstergruppen noch die Tradition der König-Ludwig-I-Zeit fort, doch sollten die Fenster schon klassizierende Ornamentkrönungen tragen. Bis zur Endausführung geriet der Bau indessen aber in einen Stilumschwung und Reizele änderte die Fassade, ähnlich seinem erhalten gebliebenen Haus Hermann-Köhl-Straße 17 von 1875, auf die abgebildete strenge klassizierende Ornamentik ab.

Am Haus gehörte dazu auch ein kräftig ausladendes Traufgesims über enggereihten antikisierenden Konsolen (Konr 37), ferner ornamentierte Relieffelder unter den 1. OG-Fenstern. Kissenförmig vorgewölbte Scheiben der kleinteilig versprossten Fenster vervollständigten den noblen Bau, der einst gehobene Mieter aufwies. Die Ruine wurde durch einen veränderten Neubau ersetzt.

Am links folgenden Reizele-Haus Nr. 9 ist der Wiederaufbau bereits im Gang. Rechts folgt die Zeile kleiner früher Neu Ulmer Häuser von 1832.

152 Pfarrkirche St. Johann Baptist 1947.

153 Ruine des ehemaligen Rathauses 1947.

152: An der Ecke Augsburger-/Ottostraße erbaute Dominikus Böhm 1923/27 die kath. Pfarrkirche St. Johann Baptist. Ihr monumentales Portalbauwerk links hat beide niedrigeren Seitenflügel durch Bombentreffer verloren. Man erkennt den Ansatz des westlichen Flügels mit die Streifung unterbrechender Tünchfläche und zwei Bogenöffnungen gegen den zerstörten Nebenraum. Der alte Mittelschiffsdachstuhl, wie der Turm noch von der 1857 erbauten Vorgängerkirche übernommen, zeigt sich erhalten, das Dach über dem westlichen Seitenschiff dagegen zerstört.

153: Die Westfassade der Ruine des 1899 als Offizierskasino erbauten Gebäudes Maximilianstraße 2 weist noch Tarnanstrich auf (Konr 56). Es diente von 1919 bis zur Zerstörung als Neu Ulmer Rathaus. Rechts das zerstörte Eckhaus Donau-/Maximilianstraße, dazwischen im Durchblick Ruinen der Augsburger Straßen-Südseite östlich der Blumenstraße (UTrü 140, Mitte ganz oben).

154: Die Quadermauerfassung des Schwals ist zu großen Teilen zerstört, doch es erhebt sich noch das 1931 vom großen Neu Ulmer Edwin Scharff entworfene Gefallenendenkmal für den 1. Weltkrieg.

Das Ulmer Ufer bildet ganz rechts ein kleines Endstück der hohen Adlerbastionsmauern, dann weicht die hohe Stadtmauer hinter die halbhohe Terrasse des "Elendgarten" zurück.

Rechts des Denkmals erheben sich über der Stadtmauer noch hoch die Ruinen des Heiliggeistspitals (Bild 101). Im Erdgeschoß des niedrigeren Spitaltrakts, zu sehen vom Münsterhauptturm bis zum Heizschornstein, liegt die zerstörte spätgotische Schlafsaalhalle "Dürftige Stube" (Pfl I, 86).

154 Der Schwal um 1947.

155 An der Kleinen Donau um 1947.

156 Auf der Insel 1949.

155: Die Häuser am Südufer der Straße An der Kleinen Donau sind durchweg zerstört (Konr 35). Im Hintergrund die kathol. Pfarrkirche St. Johann Baptist mit zerstörtem westlichen Seitenschiff. Vor dem Portalmittelbau die Ruine des spitzzulaufenden östlichen Eckhauses Augsburger Straße 6 von 1854 (Konr 24, 74; Pfl II, 85, 87).

Hinten, rechts der Kirche, die erhaltene Wirtschaft "Deutsches Haus", Ottostraße. Ganz rechts am Rand teilsichtbar das erhaltene Haus Augsburger Straße 5. Zwischen diesem Haus und der Straße An der Kleinen Donau im Vordergrund, auf letztere senkrecht anlaufend die Ruinen der zweigeschossigen Häuser der Hafengasse aus der Zeit 1811/32. Von der Augsburger Straße nur über eine Unterfahrt erreichbar, wirkt dieses Gässchen heute mit seiner inzwischen viel höheren Bebauung wie eine Häuserschlucht.

156: Paul Frank erbaute 1878 die im Straßenknick sichtbaren erhaltenen Häuser Insel Nr 1, 3 u. 5. Die ausgebrannten Ruinen der gleichhohen donauseitig gelegenen Häuserzeile sind hier bis auf Erdgeschoßhöhe abgebrochen, und am stumpfen Eckhaus Nr. 8, erbaut 1869, geht der Abbruch mit dem Pickel weiter (Konr 3, 5, 34, 36; UTrü 139, 155).

Die senkrechten Leuchtfarbepfeile, wie sie rechts an den zwei Fensterbrüstungen zu erkennen sind, waren vom Luftschutz an vielen Häusern für den Fall der Verschüttung als Hinweis auf unterhalb liegende Luftschutzkellerfenster angebracht.

157: Ein Blick hinter die straßenseitige Vorderhausruine Nr. 6 von Bild 156 (Bekleidungsfirma Hoffmann).

Inzwischen entstand ein kleiner eingeschossiger Wohnneubau. Dieser ist auch heute noch hinter der straßenseitigen einheitlichen Neubebauung der 60er Jahre erhalten. Im Hintergrund der Metzgerturm und das erhaltene hohe Donaufrontgebäude Herdbruckerstraße 20.

157 Auf der Insel 1949.

158 Grundsteinenthebung der Herdbrücke am 14.7.1947.

158: In den Jahren 1829/31 wurde die sogenannte "alte Donaubrücke" als "Ludwig-Wilhelm-Brücke" (so getauft, doch nie gesagt) erbaut. Ihr Grundstein wurde nach ihrer Sprengung im April 1945 dann am 14.7.1947 (NUJub 388, 389) enthoben.

Auf Ulmer Seite geht rechts der Blick auf die bis heute wenig veränderte Westseite der Donaustraße. Doch auf das mit hohem Seitengiebel hochaufragende renaissancezeitliche Großbürgerhaus Donaustraße 8 folgt nördlich der Schelergasse die Zerstörungslücke mit dem hohen verrosteten Trägergerippe des kaufhausmäßig ausgehöhlt gewesenen Hauses Donaustraße 4 (Landauer, später Schleehauf). Im Anschluß daran das Haus Technik-Sindel (früher Docken-Müller).

In der Ulmer Uferpartie erkennt man noch die zum Bogenansatz schräggestellten mächtigen Quader der alten Donaubrücke. Links davon steht über der Stadtmauer von der südlichen Häuserzeile der Herdbruckerstraße nur noch das komplexe, von links her schwerstbeschädigte Haus Nr. 30. Vom im Kern mittelalterlichen Fachwerk (Teile in angeblattetem Fachwerk konstatiert) ist donauseitig der größere Teil herausgerissen und es stehen noch zwei Fensterachsen.

Dieses uralte Bäckerhaus war bis zum Abbruch des Herdbruckertorturms 1827 mit diesem durch einen Pultdachzwischenbau verbunden gewesen. An seine Stelle trat nach dem Turmabbruch der walmdachbedeckte klassizistische städtische Erweiterungsbau als Büro und Wohnung des Pflastergeldeinnehmers. Dieser nutzte, da ohne eigene solche, die schöne Treppe des Bäckerhauses aus dem Jahre 1802 mit.

Eine gewaltige Sprengbombe hat nicht nur beim Kerngebäude den Südwestteil unter dem über der Leere weiterschwebenden Dachstuhl herausgerissen, sondern auch darunter in die Stadtmauer eine enorme Bresche geschlagen (UTrü 63). Unter einem bedeutend erniedrigten Notdach wurde der lädierte westliche Hausteil brettereingehaust und der angeschlagene Hausveteran soweit konserviert (Bild 159), bis er samt klassizistischem Zollhausvorbau 1960 abgerissen wurde (heute Brücken-Café).

Unter dem schwebenden Dachgerippe erkennt man noch das Haus Herdbruckerstraße 13 (erbaut 1359). Dieses und die Nr. 15 (erbaut 1358) sind Ulms älteste datierbare Fachwerkhäuser.

Rechts wird die Zweischichtigkeit der Stadtmauer sichtbar, wobei die neuere Vormauerung vor altem Kern wohl ein Teil der denkmünzengefeierten Mauerverstärkung des Jahres 1666 von der Höhe des Metzgerturms bis hierher war.

159: An der Nordseite der Insel ist der Bau des südlichen Widerlagers der nunmehrigen einbogigen Betonbrücke im Gang. "Für den Brückenfuß auf der Neu Ulmer Seite mußte ein 600 Tonnen schwerer Betonsenkkasten auf dem Grund, 4,3 m unter Donauspiegel abgeschachtet werden" (UBC 6, 84).

Auf den Pfeilerfundamentresten der alten Ludwig-Wilhelm-Brücke wurden starke Gerüstböcke zum Tragen des Lehrgerüstbogens für den Betonguß des neuen Brückenbogens errichtet (der südliche links im Bild). Ganz rechts verbindet für das Baustellenpersonal auf vier alten deutschen Pionier-Pontons ein leichter Steg beide Donauufer (Bild 160), ausdrücklich mit dem Hinweis versehen "Bausteg. Betreten verboten". Einen Behelfsbrückenvorgänger wie bei der Gänstor- und Schillerbrücke gab es bei der Herdbrücke nicht, vielmehr bestand hilfsweise eine Fährverbindung (Bild 13).

Rechts oberhalb der Landpfeilerbaustelle die erhaltenen Insel-Häuser von 1878, weiter links die evang. Kirche und links davon die bis heute erhaltene alte Kastanie östlich des Brückenanfangs.

159 Neubau der Herdbrücke am Neu Ulmer Ufer um 1948.

160 Donaubadeleben auf Neu Ulmer Seite um 1948.

160: Im Hintergrund geht der Bau der Herdbrücke voran. Das Lehrgerüst für ihren weiten Bogen steht bereits und auf seine Höhe ist der westlich davon verlaufende Bausteg emporgehoben worden, der in Bild 159 noch nahe dem Wasser auf Pontons verlief.

Links am Beginn des Baustegs der Trümmerkegel der getroffenen Stadtmauer und östlich oberhalb das Haus Herdbruckerstraße 30 mit nun nieder notbedachtem und bretterumhülltem Südwestteil. Darüber leuchtet das Zementbiberdach des weitläufigen "Reichenauer Hofs". Am linken Bildrand das große Gründerzeitgebäude Herdbruckerstraße 18 und 20, Ostteil intakt, Westteil notbedacht.

Hellmut Pflüger
Anmerkungen zu einigen wichtigen Gebäuden

Deutschordenshaus

1718, ein Jahr vor dem Baubeginn des Ulmer Deutschhauses, hatte Franz Keller Entwurf und Neubau des Hauptflügels des Deutschordenshauses Ellingen übernommen. Auch dort liegen zwischen drei überhöhenden Pavillons oder Risaliten zwei einfachere Verbindungsflügel. Nur war das Ellinger Haus für den Landkomtur der Ballei Franken, dem auch die Ulmer Kommende unterstand, als das Wichtigere auch größer und prächtiger. Die konkav geschweiften Fensterverdachungen, Heraushebung der Ulmer Risalite, sind in Ellingen nur schlichteres Motiv der Verbindungsflügel.

Vom Ulmer Deutschhaus blieben am 17.12.1944 die stabilen, intakten Außenwände mit dem ganzen architektonischen Schmuck erhalten. Im Winter 1948 wurde ein Großteil der hofseitigen Wände abgebrochen.
Zeichnungen des Verfassers von 1949 halten Teile des bis zum Vollabbruch Januar 1950 erhaltenen Bestandes fest.

Bild 20 zeigt die erhaltene Hauptfront an der Bahnhofstraße. Vom Stuckzierat der Festsaal-Innenwände zeigen die Bilder 161 und 162 von den jeweils mit vier Stuckmarmorpilastern gegliederten Saalwänden eine Seitenwandübersicht, deren Mittelfeld über dem Kamin ein hohes Stuckzieratfeld schmückt sowie dieses Kaminfeld daraus für sich.

Von den beiden dreiachsigen Fensterwänden nach Nord und Süd zeigt das Bild 163 die Pilasterkapitäle und die Oberlicht- und Mezzanin-Fenster mit Bandelwerkstuck der Leibungen und geschweiften krönenden Gesimsen.

Diese Stuckkunst gehört zur Stilphase des Bandelwerks oder der "Regence", das ab etwa 1715 den reinen Pflanzenornament-Stuck des Hochbarock durchdrang und allmählich ganz ablöste.

Der Verfasser gelangte nach eingehenden Detailvergleichen zum Ergebnis, daß wahrscheinlich der Ellwanger Stuccator Melchior Paulus diesen Ulmer Deutschhaussaal-Stuck geschaffen haben dürfte. Er hatte 1715/16 die Ehinger Konviktskirche stuckiert, bei der das Akanthusblatt noch vorherrscht und die Bandwerkverwendung erst beginnt.

Wohl ganz wenig später als in Ulm schuf Paulus im Schloß des Fürstpropsts ob Ellwangen den Stuck dreier Zimmer und der Schloßkapelle, deren Ornamente, ähnlich wie in Ulm, aus frühem, breitbahnigem, quergestricheltem Bandelwerk, in betont kleine Endschnecken auslaufen.

161

162

163

Am Ellwanger Schloß wurde Paulus von Franz Roth aus Wien abgelöst, der 1719 im Deutschordenshaus Ellingen Franz Kellers gewaltiges Treppenhaus stuckiert hatte. Bei völliger Zeitgleichheit bestehen naturgemäß zahlreiche Entsprechungen und Ähnlichkeiten zwischen Paulus und Roths Arbeiten.

Der Ulmer Saalstuck läßt sich indessen vergleichend begründet weit eher Paulus als Roth zuschreiben. Dafür sprechen auch die seinem feinen figürlichen Können, wie an der Konviktskirche Ehingen, entsprechenden Ulmer Putten des Kamins (Bild 162), zu denen an der zerstörten Decke noch viele weitere traten nebst dem Ritterordenshaus entsprechenden Kriegsgöttern über Trophäenprunk.

Schad`sches Haus

Hans Schad, Ratsmitglied und nacheinander Inhaber wichtiger Ämter der Reichsstadt, hat während des 30jährigen Krieges in den Diensten der Stadt ein aufreibendes Reiseleben zu Pferd als Gesandter und Diplomat geführt.

Wenn man weiß, daß in seinem Haus 1620 der Markgraf von Ansbach mit vier weiteren deutschen Fürsten einer mit 200 Pferden angekommenen französischen Botschaft ein Bankett gab, zu welchem drüben neben der Steinernen Brücke in der "Eich" gekocht wurde, so liegt die Annahme nahe, daß Schads überlieferte Bautätigkeit 1622 am Hinterhaus die Schaffung des stattlichen Saals im dortigen Obergeschoß betroffen haben dürfte.

Von den zierlichen hölzernen Loggien längs der Vorderhaus-Hofseite und Hofseitenflügeln haben letztere stark in die seitlichen Bogen der dreibogigen Steinloggia des Hinterhauses eingeschnitten. Sie erwei-

sen sich daher als spätere, wahrscheinlich ebenfalls 1622 entstandene Zutat und Schaffung einer noblen Verbindung zwischen Vorderhaus und Hinterhaussaal (Bild 27).

Wengenkirche

Witegow von Albeck gründete in Anwesenheit Kaiser Friedrich Rotbarts im Jahre 1183 das Augustinerchorherrenstift zu den Wengen als Pilgerhospiz zu St. Michael auf dem Michelsberg. 1215 mußte es wegen Wassermangels in die Gegend Bleichstraße/Hindenburgring verlegt werden, in die "Wengen" oder feuchten Wiesen. Nach 1376 wurde es dort von der befestigten Stadt zur Freimachung ihres Verteidigungsvorfelds gewaltsam entfernt. Schließlich im Jahre 1399 konnte sich das Kloster an seinem heutigen Platz eine neue Kirche und Konventbauten errichten.

1531 in der Reformation geschlossen, konnte das Kloster 1549 die Wiedereinsetzung in seinen Besitz durchsetzen. Von der Kirche mit gewölbtem Chor und dreischiffigem ungewölbten Hallenschiff war letzteres so schadhaft geworden, daß es durch Abbruch der nördlichen und Zumauerung der südlichen Pfeiler- und Bogenfolge in einen teilungslosen einheitlichen Saalraum verwandelt, das südliche Seitenschiff dagegen abgebrochen werden mußte.

164

In dieses Saalschiff baute das Kloster dann 1629/35 einen der ganz frühen gewölbten, barocken Wandpfeilerräume ein, der (Bild 43, 164) grau in grau ausgemalt wurde.

Unter den Abschlußgesimsen der Wandpfeiler lag dagegen ein plastisches Fries mit dorischen Dreischlitzplatten oder Triglyphen und stuckierten Fruchtgehängen im vertieften Feld oder Metope dazwischen. Dieses Detail stimmt interessanterweise an dieser katholischen Ordensarchitektur mit Gleichem an der gleichaltrigen evangelischen Dreifaltigkeitskirche in Ulm überein, wo dieses Fries erhalten bzw. rekonstruiert ist.

Zu der Grauausmalung gehörten außer Ornamenten der Pfeilerkörper, über diesen an den Gewölben auf schmuckreichen Postamenten stehende große Engelsgestalten (Bild 42). Diese ganze Ausschmückung verschwand restlos unter neuer Putzschicht, als 1738/66 Schiff und Chor im Rokoko-Stil stuckiert und mit ausgedehnten Deckenfresken Franz Martin Kuens aus Weißenhorn versehen wurden.

Wirtschaft "Zum Dampfschiff"

Wie bereits bei den Bildern 74 und 75 beschrieben, handelte sich bei diesem Gebäude um ein im Kern spätgotisches Haus. Die Zeit um 1600 hat das Haus jedoch entscheidend in ein Renaissancehaus umgestaltet.

Aus der Ostseite gegen das Nebengässchen sprangen auf reich renaissance-profilierten Kraggesimsen zwei Flacherker vor. Zusammen mit einem zwischen sie gespannten Bogen trugen sie über sich eine breite Auskragungsstrecke des 2. OG, deren Fortsetzung bis ans Hauseck abermals ein hochgelegenes gleichartiges Kraggesims trug.

Das Motiv ist ähnlich, doch einfacher am "Strudel" Schelergasse 3 noch erhalten. Die formschöne Kraggesimsprofilierung kann man auch auf den Bildern 73 und 76 aus verschiedenen Blickwinkeln erkennen.

Auf Bild 74 erkennt man, daß um 1600 die Hausfronten mit weißem Putz mit Quaderlinienzeichnung (breiteres graues Band mit dünner schwarzer Mittellinie) versehen wurden, wobei die Stürze von Fenstern und Türen mit dunklen Rauhputzquadern hervorgehoben wurden. Hier sind an der Südfront gegen den Hof ausgedehnte Partien dieser Original-Quadrierung wieder freigewittert.

Gässchenseitig wurde die Putzquaderzeichnung, nach Feststellung des Verfassers an der Ruine, um 1900 über Originaluntergrund erneuert.

Großbürgerhäuser in der Lange Straße

Die im Bild 87 gezeigten nicht mehr vorhandenen Häuser waren in ihrem Kern mittelalterlichen Ursprungs. Der mittelalterliche Steinbau in Ulm war vorzugsweise von Kalkbruchstein erbaut, so hier die seitwärtigen Wände und die zwei Giebel, von denen jeder in den zwei unteren Bühnengeschossen ursprünglich drei (zwei plus eins) schmalhohe Fensterchen besaß.

Inwendig in Nischen sitzend, wurden sie später infolge Anbaus eines gleichhohen östlichen Nachbars und aus anderen nachbarrechtlichen Gründen auch westwärts vermauert.

Im von Schermar'schen Haus Lange Straße 8, das im späten 19. Jahrhundert in den Besitz des Tuchhändlers Strauß kam, wurden 1927 gotische Bodenfliesen festgestellt.

Das beschriebene Haus 27 gehörte ursprünglich den v. Welser und wurde 1795 vom Nachbesitzer, dem Tabakfabrikanten Heinrich Seipel, lt. Bau- und Feuergeschworenenprotokoll "ganz", also zumindest weitgehend, neu gebaut. Es erhielt statt eines einfachen Satteldaches einen geräumigeren neuen Dachstuhl in Mansard-Querschnitt. Die östliche, nicht mehr senkrechtstehende Giebelwand gegen Nachbar Nr. 29, v. Besserer, mußte neu gebaut werden und beide Häuser erhielten eine einheitliche schlicht-vornehme spätbarocke Putzarchitektur (UTrü 108, 42).

Die "Sammlung"

Die "Sammlung" (Bilder 90, 91) hatte über der abgebildeten südlichen Stirnseite einen fialengeschmückten Giebel (auf der Ruine noch Anfang 1945 erhalten: UTrü 61). Bei der "Sammlung" handelte es sich um einen Frauenorden nach der 3. Regel des Hl. Franz, der sich bald nach 1229 bei der späteren Nordwestecke des Münsters niederließ. Der Orden mußte diesen Platz 1377 für den Münsterbau räumen und konnte sich dann 1385 hier an der Frauenstraße niederlassen.

Der Orden diente hauptsächlich der Versorgung unverheirateter Patriziertöchter, nahm 1531 den evangelischen Glauben an und blieb in der Reichsstadt bis 1809 bestehen.

Schuhhausgasse 3

Vom Westen eingeengt durch die Nachbarhäuser (heute zusammen mit einem westlichen Nachbar Teil des Neubaus Musikhaus Reisser, Münsterplatz 25) zog sich das Anwesen (Bilder 92-94) als schmales Langrechteck ins Blockinnere bis ans Rückgebäude von Paradiesgasse 4, mit breiterem Vorderhaus zur Straße. Hinter letzterem streckte sich ein schmal-langer Hof, der westlich einseitig von einem ebensolchen Rückgebäudetrakt begleitet wurde.

165

Spitalmeisterhaus

Erst im Zerfall dieses Baus (Bild 101) wurden renaissancezeitliche ornamentale Malereien sichtbar. Der Verfasser konnte diese 1948/50 zeichnerisch festhalten.

Bild 166 zeigt im EG, südöstlicher Eckraum, eine freigewitterte zierliche Rankenmalerei in Braun, vom später eingezogenen Gewölbe angeschnitten.

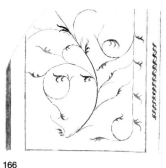

166

167

Wie auf den Bildern zu erkennen ist, war die Hoffassade vollständig in der Art des Kornhauses mit dunkler Putzquaderzeichnung auf hellem Grund versehen. Mit Rauhputzquadern abgesetzt - in Verzahnung - war die linke Gebäudekante gegen Judenhof 1, die Fenster des 1. OG und der EG-Durchfahrttorbogen.

Das EG war gewölbt. Typisch ulmisch waren am EG und an den Ostwand-Wandnischenbogen des 1. OG die backsteingemauerten, halbrunden oder vierkantigen, aber breit eckabgerundeten verputzten toskanischen Pfeiler. Vielfach ist bei ihnen die Frieszone zwischen den Kapitälringen mit triglyphenähnlichen, weitabständigen, senkrechten Rundstäbchen belegt (vgl. Bild 124, erhalten noch in Handwerkerhaus Radgasse 20, Pfeiler der freistehenden Ostarkadenmauer Schloß Illertissen).

Details eines anders stuckierten Kapitäls eines grundform-gleichen EG-Wandarkadenpfeilers zeigt dies Skizze des Verfassers von 1951 (Bild 165; Eierstäbe wie diese bestanden an EG-Bündelpfeilern der Oberen Stube, wie so manche implantierte Details der Ulmer Stuckdecken der Renaissance, aus Terrakotta.)

Bild 167: Die verschiedenen ornamentalen Malereien umfassten u. a. dieses "magische Quadrat" von 1597 (Je eine um 1900 entstandene Kopie befindet sich noch im Jugendstilhaus Stuttgarter Straße 14-16 und in Fischergasse 40). Gab es einerseits noch eine Türkrönung gleichen Form- und Farbtonkreises in der Ruine, so gehörte wohl einer älteren, strengeren Renaissancerichtung (etwa um 1550) die Malschicht mit zwei Arbeiten des Typs wie

Bild 168: Das Gebäude erhielt im 16. Jahrhundert Gewölbe eingezogen, die auf verschiedenenformigen Renaissancesäulen ruhten.

Ein Säulenpaar hatte elegante, sich unten kolbenartig verdickende "Kandelaber"-Form. Die Skizze zeigt, wie der sprengbombengerissene Keller darunter zur Sicherstellung der Erhaltung abge-sprießt wurde. Von den insgesamt drei Säulen stehen heute 2 im Garten Judenhof 11.

168

Bild 169 an, im pompejanisch roter Architektur, ockergelben Ornamentschwüngen und kräftiger schwarzer Linierung (eine Portalkrönung, im Bild, und eine Umrahmung einer leeren Ausbruchstelle für eine verschwundene Tafel).

Bürglenhof

Die einst regulärste Renaissancehof-Anlage (Bilder 105, 106) Ulms spiegelt sich an der symmetrischen Mittelpartie dieser Hausinnenseite. Dem Quermaß des Hofraums zwischen den zwei Arkadenseitenfronten entsprechen die mittleren drei Fensterachsen, am Erdgeschoß die Ansätze der Grat- und Grurtgewölbe der die Durchfahrt von der Kornhausgasse in den Innenhof (Mitteltorbogen!) querenden "Haustenne". Beiderseits der Dreiergruppe großer Öffnungen gegen den Hof liegen in den zwei unteren Geschossen die kleinen Türen zu den zweistockigen Hofarkaden, im 2. OG in die Seitenflügel (Bild 170 zeigt ein Kapitell der Hofarkaden-Dächer, Kandelabersäulen; Pfl II, 20) darüber.

In den beiden äußersten Seitenbahnen dieser Nordwand, links zusammen mit dem Stück Westwand, wird noch unten erkennbar, daß beiderseits der Durchfahrt und querenden "Haustenne" die große Höhe des EG oben zur Einschaltung eines niederen Zwischengeschosses oder "Mezzanins" ausgenutzt war.

Der einst unter nordwärts fallendem, hohem einhüftigem Dach stehende östlich herausspringende Flügel (UTrü 59) enthielt im EG Stallungen, an deren Stelle nach den abgebildeten, mit losen Backsteinen zugeschichteten modernen Rechtecköffnungen zuletzt Wagenremisen oder Garagen getreten waren. Darüber ein konsequent auch hierher weitergeführtes Mezzanin-Zwischengeschoß, dann im 1. OG ein im 18. Jahrhundert zur Schaffung eines größeren Raums geöffneter verbindender Bogendurchbruch hinein in den Hofostflügel.

169

Rokokohaus Steingasse

Die Vermutung, daß Joseph Dossenberger als Schöpfer dieses Hauses (Bild 104, 170) in Frage kommt gründet sich auf folgende Überlegungen:

Die ganzen Details des von ihm geschaffenen Portals des Piaristenkollegs in Günzburg von 1755-57 (Koepf) sind von engster Ähnlichkeit mit demjenigen des Ulmer Rokokohauses, so vor allem die sich vorwellenden Pilaster, ihre sich aufwölbende Gesimse, die schlußsteinartige Rocaille mit kleeblattartige Mittelfeld.

Dossenberger war Baudirektor des Klosters Elchingen, dessen südlich neben dem Rokokohaus erhaltener Zehntstadel um diese Zeit, 1775, einen neuen Dachstuhl erhielt. Hierbei wäre ein Bekanntwerden des wohl beteiligten Klosterbaudirektors mit Nachbar Conradi denkbar.

Dazu kommt aber, daß Dossenberger neben seiner Architektentätigkeit auch Farbenhandel betrieb, der Handelsmann Conradi in Ulm Berlinerblau-Fabrikant war, eine in Mischungen vielfältig verwendbarer Farbstoff. Somit könnten zudem zwischen Rokokohausbauherr und vermutetem Architekt auch Farbhandel-Geschäftsbeziehungen bestanden haben.

170

Wirtschaft "Weißes Ross"

Die Fenster an dieser Ruine (Bild 108) lassen durch verschiedenes Format und sich abzeichnende Backsteinumfassungen ihre mehrfache Veränderung erkennen. Die Gaststättenräume lagen bis weit ins 19. Jahrhundert hinein durchweg im 1. OG. Die zugehörigen Fenster ganz rechts wurden wohl um 1600 auf das damals ulm-übliche, große, fast quadratische Format gebracht und ähnlich offenbar auch die zwei darüberliegenden, die aber später im 18. oder 19. Jahrhundert, durch seitliche Backsteinanmauerung neuerer Mode entsprechend wieder verengt wurden.

An zwei Querrillen des älteren Mittelpfeilers war wohl im ursprünglichen Raumzustand ein Wandtäfer befestigt - vielleicht ein gehobenes Gastzimmer. Zur Zeit der klassizierenden Fensterverengung war Täfer dann außer Mode, die Verengungen haben keine Lattenrillen für ein solches mehr.

An den Abschnitten vorn im Boden- und Deckenbereich zeigt sich als Kernsubstanz des Baues das für mittelalterliche Bauten typische Kalkbruchsteingemäuer. Rechts oben im Giebel offenbar ein angeblatteter Kopfband-Verband des damit wohl noch mittelalterlichen liegenden Dachstuhls.

Dreigiebelhaus

Die zwei seitlichen, tief in den Block reichenden Giebelhäuser waren durch einen nur etwa halb so tiefen Flügel, der den dritten, mittleren Giebel trug und in dem die beiden Tore lagen, miteinander verbunden (Bild 119). Diesen Durchfahrtsbogen des nördlichen Hauses und die sich nur wenig über den Schutt erhebende, den Hof halbierende Nischenmauer kann man auf dem Bild erkennen. An der Südwand des behelfsmäßig eingeschossigen Wiederaufbaus für die Gaststätte "Malkasten" sind aus dem Schutt geborgene schöne Dinge gerettet. Beim späteren Abbruch des "Malkastens" wurden sie kein zweites Mal mehr geborgen.

171

Diese pietätvoll aus den Trümmern geborgene ulm-einmalige kannelierte Renaissancesäule konnte der Verfasser 1955 noch zeichnerisch festhalten (Bild 171). Nach Malkasten-Abbruch lag nur noch das geschwellte Basisstück herum.

Seelhaus

Das Vordergebäude des Seelhauses (Wartb 65; Pfl I, 98, II, 15) Nähe Ecke Griesbadgasse/Seelengraben (Bilder 126, 127) war ein nur eingeschossiger, fünfschiffiger Gewölbebau unter kolossalem Dach. Von den zwischen 1534 und 1545 neuerbauten beiden Seelhausgebäuden war dieses vordere wohl das auf 1534 anzusetzende, ältere. Im Vergleich mit dem erhaltenen Rückgebäude wies das Vordere die älteren, der Spätgotik noch näheren Details auf, wie die Skizze des Verfassers (Bild 172) aus dem Jahr 1957 von den gotischen Rippengewölben zeigt.

Sie ruhten auf Rundsäulen (im Bild gerade abweichende Partie) mit, denjenigen des Steuerhauses (1534; Bild 60) und des Schuhhauses (1538) ähnlichen Kapitellen. Die Gewölberippenverwendung hat noch das Seelhaus-Vorderhaus, dagegen sind Steuer- und Schuhhaus schon zu Gratgewölben übergegangen, ebenso das Seelhaus-Rückgebäude, dessen Säulen Stabwerkkapitäle ähnlich der Rathausnordflügelarkaden (1539/40) aufweisen.

Die rettungsfähige und -würdige Westhälfte der Gewölbehalle des Seelhaus-Vorderhauses wurde später wegplaniert.

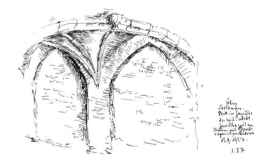

172

Pestkapelle

Der zur "Unteren Mang" gehörende Fachwerkstadel wurde (nach Rieber) um 1490 erbaut. Von seiner Erdgeschoßfront gegen die Zeughausgasse bestand nur die südliche Hälfte aus Fachwerk, die nördliche aber aus einer gemauerten Zelle von zwei spätgotischen Rippengewölbejochen ähnlich denjenigen des Zeughauswestflügels von 1522. Wegen einer darin befindlichen Wandinschrift über die 23875 Personen, die 1635 in Ulm an der Pest starben (UBC 2, 389) nannte man den Raum die "Pestkapelle".

Bildnachweis

Farbbild:
Aquarell von R. W. Elias. 3.9.1945.
Blick von Ost nach West auf das US-Kriegsgefangenenlager östlich der Ludendorffkasere. Eine der wenigen Partien mit Zelten, die sich um den Fuß dieses bis heute südwestlich des Wohnblocks Bradleystraße 376 nahe der Europastraße erhaltenen großen alten Baumes gruppieren. Davor der östliche Lagerzaun, hinten links das Glacisgehölz des Vorwerks 13, rechts hinten die Dächer der zwei östlichen Mannschaftsblöcke der Ludendorffkaserne.

Albert Bartenschlag:
14-19, 21-41, 44-48, 50-83, 85-99, 102, 103, 105-110, 112-131, 133, 141, 141 a.

Sigmund Bannwolf:
101, 104.

Karl Sigel (aus den Archiven August Welte und Heimatmuseum der Stadt Neu Ulm):
1, 6, 12, 13, 147, 137, 142, 144-146, 148, 152, 153, 155, 160.

Stadtarchiv Neu Ulm:
136, 149 (Zeichn. v. G. Lörsch), 151, 154, 158, 159.

Heimatmuseum der Stadt Neu Ulm:
135, 139, 156, 157.

Privatarchiv August Welte:
138, 140.

US-Luftbilder (Rechte bei Heinz Leiwig, Mainz):
49, 111, 132, 143, 150.

Kässbohrer-Firmenarchiv:
134.

Abkürzungen:

Zur Bildvertiefung wird auf folgende Bücher verwiesen:

Konr: Gaiser/Pflüger, Neu Ulm. Das Bild einer jungen Stadt. Weißenhorn 1967
Köpf: Köpf, Joseph Dossenberger. Weißenhorn 1973.
NUJub: Stadt Neu Ulm 1869-1994. Texte und Bilder zur Geschichte. Hrsg. v. B. Treu. Neu Ulm 1994.
NUMat: Mater. z. d. baulichen Anf. d. Stadt Neu Ulm im 19. Jahrhundert. Neu Ulm 1993
Pflü I: Pflüger, Ulm. Das alte Stadtbild I
Pflü II: Pflüger, Ulm. Das alte Stadtbild II
2 Bde. Weißenhorn 1963, 1964.
UBC: Ulmer-Bilder-Chronik Bde. 1 - 6. Ulm 1927-34
UTrü: Neubronner, Ulm in Trümmern. Pfaffenhofen 1991.
Wartb: Pflüger, Ulm. Ein verlorenes Stadtbild. Gudensberg-G. 1994.

Gebäude- und Straßenregister Ulm

(Die Zahlen verweisen auf die Bilderbeschreibungen)

Adlerbastei 99, 144, 154
Apothekerhaus 122, 123, 124, 125, 130

Bärengasse 115
Bahnhofplatz 14, 16,
Bahnhofstraße 18-21, 36, 37, 51
Basteistraße 132
Baurengasse 101, 131
Berliner Platz 133
Bismarckblock 132

Blaubeurertor-Brücke 111
Bockgasse 103, 121, 131
Breite Gasse 107
Büchsenstadel 81, 116
Bürglenhof 105, 106, 107, 108, 112
Bürglen`sche Tabakstädel 112, 118

Deutsch(ordens)haus 18, 19, 20, 21, 36, 37, 51
Donaustraße 83, 98, 158
Dreifaltigkeitskirche 71, 91, 99, 100, 101
Dreigiebelhaus 119
Dreiköniggasse 23

Ehinger Straße 47
Eich 32, 54
Eichelesgasse 55
Elendgarten 154
Engelgasse 96, 109
Engländer 76
Ensingerstraße 111
EWU-Gebäude 133

Fähre 13
Fischer-(Palais) 14, 16, 17
Fischergasse 48
Fischkasten-Brunnen 58/61, 78
Frauengraben 112, 118
Frauenstraße 88, 89, 90, 91, 96, 97, 102, 105, 112, 117, 118, 119
Friedrich-Ebert-Straße 49, 50
Friedrich-List-Schule 106

Gänstorblock 96, 143
Gänstorbrücke 131, 132, 134, 135, 136, 143
Gänsturm 96, 101, 120, 143
Gerbergasse 50, 52/53
Gideon-Bacher-Straße 120, 131
Glasgasse 131
Glöcklergraben 18, 19
Glöcklerstraße 32, 49, 49, 52/53
Gräth 72
Gresenhof 50
Griesbad 124
Griesbadgasse 122, 124, 126, 130
Grüner Hof 100
Grünhofgasse 90, 102
Gurrenhof 104

Hämpfergasse 48, 50, 52/53
Häuslesbrücke 57
Hafenbad 105, 112, 113, 114, 115, 118
Hafengasse 89, 96, 105, 109
Hahnengasse 119, 120, 130
Hauffstraße 47
Hauptwachplatz 62, 71, 72, 83, 85
Heimklinik 126
Heimstraße 112, 126, 127
Hellmann-(Palais) 110
Henkersgraben 47, 50, 52/53
Herdbruckerstraße 76, 77, 83, 157, 158, 160
Herdbrücke 13, 158, 159, 160
Herrenkellergasse 113, 116
Himmelgasse 48
Hirschbad-Bscheid 50
Hirschstraße 1, 15, 24-29, 32-37, 47, 51, 55, 72
Höll 131
Hohentwiel 48
Humboldt-Gymnasium 110

Judenhof 88, 92/94, 95, 96
Justizgebäude 105, 112, 113

Karlsplatz 111
Keltergasse 15
Kepler-Gymnasium 110
Kiechelhaus 71, 83, 86
Kobelgraben 49
König-Wilhelm-Straße 133
Köpfingergasse 67, 68, 69, 71
Kornhaus 81, 92/94, 105, 106, 107, 109
Kornhausgasse 105, 107
Kornhausplatz 109
Kramgasse 83, 87
Krebsgasse 116
Kreisregierungsgebäude 100
Kreisverwaltungsgebäude 49, 50
Kreuz 96
Kronengasse 36, 58/61, 63, 70, 73, 75, 76
Kühloch 52/53

Lange Straße 71, 83, 86, 87
Langmühlenbau 48
Läute, auf der 50, 55
Lateinschule 81
Lautenberg 1
Lautengasse 47, 50, 51, 55
Lederhöfe 47, 50
Lichtenstein-Erker 77, 78
Lochmühle 50, 56
Löwenbau 126, 127, 143
Ludwig-Wilhelm-Brücke 158, 159

Marktplatz 2, 58/61, 76, 77, 78, 83
Markthallen 104
Maurerhaus 83
Meier-Bau 72
Metzgerturm 73, 76, 83, 159
Mönchshof 131
Mohrengasse 63, 70
Münchner Straße 132
Münsterplatz 1, 33, 55, 69, 70, 71, 72, 81, 82
Museum 71, 77, 78, 83, 86
Musikpavillon 71, 85

Neuer Bau 1, 36, 48, 55, 63, 65, 70, 71, 72
Neuer Graben 22
Neue Straße 32, 50, 56, 62, 65, 71, 72, 77, 82, 83, 98
Neutorstraße 22, 111

Obere Stube 71, 83, 84
Ochsengässle 83
Ochsenhäuser Pfleghof 91, 100
Olgastraße 14, 16, 17, 105, 110, 111, 117, 133

Persiluhr 32
Pestkapelle 130
Petruskapelle 97
Pfauengasse 23, 72, 80
Pionierkaserne 96, 126, 132
Platzgasse 23, 79
Post (Hauptpost) 14
Postamt 2 96, 105, 117
Postgasse 62
Predigerkloster 99
Promenade 48

Radgasse 119, 121
Rathaus 2, 58/61, 62, 71, 73, 83, 85
Rebengasse 70, 79, 80
Reichenauer Hof 83, 91, 160
Rokokohaus 103
Rosengasse 107, 112, 118

Salzstadel 81
Sammlung 90, 91, 96
Sammlungsgasse 90, 96
Sattlergasse 58/61, 62, 63, 67, 68, 70, 71, 72, 83
Sedelhofgasse 15, 17
Sedelhofschule 15, 17
Seelengraben 126, 127
Seelhaus 124, 126, 127, 130
Seelturm 126, 127
Sommerschranne 104
Spital 99, 143, 154
Spitalhof 96, 101
Spitalmeisterhaus 96, 101
Spitalstadel 91, 101, 131
Spitalhofschule 104
Synagoge 65

Schadsches Haus 25-29
Schelergasse 83
Schermarhof 118
Schuhhaus 58/61, 88, 96
Schuhhausgasse 88, 92, 92/94
Schwilmengasse 32, 47, 48, 52/53
Schwörhaus 56, 63, 64, 65, 76
Schwörhausgasse 50, 56, 65

Stadtbad 77, 83
Steinerne Brücke 26, 32, 47, 50, 51, 52/53
Steingasse 90, 96, 102, 103, 104
Steinhaus (Sattlergasse) 67, 70
Steinhaus, romanisches 98
Sterngasse 23
Steuer- und Steuermeisterhaus 36, 57, 58/61, 62, 63, 66, 67, 70
Stubengasse 83

Taubengasse 83
Teichmannbrunnen 70
Turmgasse 131

Ulmer Gasse 24, 37
Ulmer Mauer 51
Unter der Metzig 73
Untere Mang 120, 121, 130

Vestgasse 73, 76

Wallensteinhaus 65
Wartehäuschen 72
Weinhof 36, 57, 63, 65, 71, 72, 76, 77
Weinhofberg 50, 56, 65
Wengengasse 34
Wengenkirche- und Kloster 19, 25, 39-44, 54
Wildstraße 111
Willy-Brandt-Platz 133

Zeitblomstraße 111
Zeughaus 126, 127, 128, 129, 130, 132, 143
Zeughausgasse 130, 131, 132
Zinglerberg 49
Zinglerbrücke 49
Zundeltor 127, 133

Namenregister

Bacher, Peter 83
Bartenschlag 23, 32
Besserer, v. 58/61, 87
Böhm, Dominikus 152
Böhringer (Werkmstr.) 22

Cafés
  Bauer 47
  Bonnet 32
  Brücken 158
  Gindele 98
  Kulisse 50, 56
  Lünert 36, 37
  Staudenmaier 32
Conradie, J. (H.) J. 103

Dossenberger, Joseph 103

Ehinger, v. 89
Eisenlohr und Pfennig 24

Falch (Gerber) 50
Faulhaber, Johannes 79

Firmen
  Abt 70, 80
  Angelmaier (Lagerhaus) 150
  Bantleon (Mineralöle) 117, 118
  Bartenschlag-(Foto) 27, 32, 34, 37
  Beck-(Heimtextilien) 90
  Bek, Eitel 80
  Biber & Stottmann 37
  Böhmer-(Schuh) 32, 33
  Daiber 49
  Deutsche Bank 69
  Dörner-(Elektro) 105
  Ebner (Druckerei) 73
  Eierstock-(Teppich) 81
  Erz (Bäckerei)
  Falschebner 24, 32, 34, 72
  Gaiser-(Sanitär) 90
  Gaissmaier 36, 37
  Goebel-(Kunsthaus) 91, 102
  Goebel-(Schirm) 91
  Goldochsen-Stammhaus 77
  Goldochsen-Mälzerei 104
  Grabensee 79
  Groß-(Lebensmittel) 23
  Haegele-(Bilder) 26, 32
  Hanser & Leiber 22
  Heilbronner-(Fisch) 80
  Hertie 24, 55
  Hirsch-Apotheke 25, 33, 34
  Höhn 113, 116
  Hoffmann (Bekleidung) 157
  Horten 36
  Hypo-Bank 78
  Jehle (Bäckerei) 49
  Käßmaier (Bäckerei) 36
  Kino Capitol 19
  Kino Centraltheater 25
  Kino Filmpalast 51
  Kino Bayernlichtspiele 150
  Kino Lichtburg 119
  Kino Roxy 51
  Koch (Metzgerei) 95
  Köpf-(Eier) 112
  Kornbeck 35
  Krieg-(Seifen) 113, 114
  Künkele-(Hausrat) 86
  Kurz-(Stempel) 80
  Landauer 158
  Landesgirokasse 32
  Laumayer 34
  Löwen-Apotheke 83
  Martin (Bäckerei) 71, 83, 86
  Mayer, Edmund 49
  Mayer`s Söhne 139
  Merath 1, 47, 55, 72
  Mohr 33, 34, 51
  Müller (Drogeriemarkt) 118
  Müller-(Docken) 158
  Müller & Co 24, 33-35, 51
  Müller & Feuchter 71
  Mürdel-(Elektro) 96, 104
  Peek & Cloppenburg 19
  Petermann-(Gummi) 26, 32
  Rapp (Bauunternehmung) 109
  Ratter-(Schuhhaus) 47, 50
  Reisser-(Musikhaus) 92/94, 95
  Rössle-(Uhren) 79, 80
  Seisler (Möbel) 49
  Sindel-(Technik) 158
  Staib (Bäckerei) 56
  Stein (Sattler) 52/53
  Steinle-(Sanitär) 83
  Stückle 36
  Vogt-(Gärtnerei) 15
  Walz-(Modehaus) 36
  Wengen-Drogerie 34
  Winkler (Malzfabrik) 113, 115
  Wolff 109
  Woolworth 24

Frank, Paul 156
Furttenbach 52/53

Hailbronner, Carl Fr. v. 100
Halbfast (Schützenwirt) 149
Heilbronner, Rudolf 58/61, 125
Herrenberger, Hermann 136
Hotels
  Bäumle 55
  Bahnhofhotel (NU) 144
  Baumstark 32, 47, 50, 52/53
  Blanken 34
  Herberge zur Heimat 111
  Maritim 132
  Neutorhospiz 22, 25
  Russischer Hof 14

Krafft, v. 91
Krenzle, P. (Arch.) 33

Ludwig I. 137

Mayer (Mohrenapotheker) 122
Mayer (Schlosser) 84
Michel, Marx 58/61
Müller, Robert 140

Nübling 89, 91, 105

Palm, Dr. 77
Ponikau, Daniel v. 86

Reizele, Joh. 151
Reyhle (Werkmstr.) 22
Römer, Albert 136
Roth (Patrizier) 105

Schad, Hans 25-29, 82
Scharff, Edwin 148, 154
Schermar, v. 87
Schmid (Stadtbmstr.) 90, 110
Schmid, Peter 130
Schreiner (Ing.OLtn.) 143
Stammel, Josef 138
Stierle (Volksbad) 51

Throll 64

Vorhoelzer, Robert 140

Walter (Arch.) 19
Weickmann 112
Wendlinger, Joh. 146
Wirtschaften
 Alexis Sorbas 119
 Alte Bierhalle 69, 82
 Alte Post 73
 Apostel 47, 50
 Bahnhofhotel-Gaststätte 16
 Biber 89
 Dampfschiff 73-76
 Drei Kannen 112, 113
 Eisenbahn 49
 Finstere Stube 71
 Fischkasten 77
 Goldner Adler 71
 Hahnen 119
 Kornhauskeller 96, 105
 Krone 76
 Malkasten 119
 Rad 72
 Ratskeller 73, 76
 Rebstöckle 80
 Retorte 75
 Rose 117, 118
 Saalbau 19, 36, 37, 48, 51
 Schiff (NU) 146
 Schwanen 57
 Schwarze Henne
 Schwörglocke 69
 Stern 23
 Stadt 24-26, 33
 Stadt Berlin (NU) 150
 Stadt Göppingen 65
 Stadt Kirchheim 71
 Storchen 48, 50
 Ulmer Hof 49
 Weißes Ross 107, 108
 Wienerwald 69, 82
 Zum jungen Hasen 51
 Zum Württemberger Hof 79, 80
 Zur Breite 112
 Zur Zill 65

Gebäude- und Straßenregister Neu Ulm

(Die Zahlen verweisen auf die Bilderbeschreibungen)

An der Kleinen Donau 155
Augsburger Straße 134, 137, 138, 143, 148, 152, 153, 155
Augsburger Tor 132
Augsburger-Tor-Platz 139

Bahnhof 141, 142, 143
Bahnhofstraße 140, 141, 141a, 143, 144, 145
Blumenstraße 143, 153
Brückenstraße 139

Donaustraße 136, 153

Eckstraße 150

Fernsprechamt 140
Festungsbauwerke 132, 150
Friedenstraße 146, 147, 150, 151

Gartenstraße 148, 149, 150
Gesellschaftsgarten 149

Hafengasse 155
Hermann-Köhl-Straße 149, 150, 151

Insel 13, 156, 157, 159

Karlstraße 148
Kasernstraße 136, 146, 147
Keplerstraße 141, 143

Ludendorff-Kaserne Frontisp., 150
Ludwigstraße 143, 144, 146, 147
Luitpoldstraße 150
Maximilianstraße 141, 143, 145, 147, 153

Offiziers-Kasino 132
Ottostraße 146, 152, 155

Post 142, 143

Rathaus 153
Reuttierstraße 139, 143

Sandstraße 13
Silcherstraße 150

Schützenstraße 150, 151
Schwal 154
Schwemmer`sches Haus 137

St. Johann Baptist 152, 155
Stegstraße 134, 136, 143

Wallstraße 143
Wiley-Barracks Frontisp., 150
Wilhelmstraße 145

Zentralschule 132, 139
Zwölferkaserne 13, 138, 141, 143, 144, 145, 146, 147